Poesia e filosofia

Antonio Cicero

Poesia e filosofia

ORGANIZADOR DA COLEÇÃO
Evando Nascimento

2ª edição

Rio de Janeiro
2024

Copyright © Antonio Cicero, 2012

PROJETO GRÁFICO DE MIOLO E CAPA
Regina Ferraz

CIP-BRASIL. CATALOGAÇÃO NA FONTE
SINDICATO NACIONAL DOS EDITORES DE LIVROS, RJ

C499p   Cicero, Antonio, 1945-
    Poesia e filosofia / Antonio Cicero ; [organizador da coleção Evando Nascimento]. – 2ª ed. – Rio de Janeiro: Civilização Brasileira, 2024.
    (Coleção contemporânea : Filosofia, literatura e artes)

    Inclui bibliografia
    ISBN 978-85-200-1094-5

    1. Filosofia. 2. Poesia. 3. Crítica. 4. Ensaios brasileiros. I. Título. II. Série.

CDD: 102
CDU: 1

12-0439

EDITORA AFILIADA

Todos os direitos reservados. Proibida a reprodução, armazenamento ou transmissão de partes deste livro, através de quaisquer meios, sem prévia autorização por escrito.

Texto revisado segundo o Acordo Ortográfico
da Língua Portuguesa de 1990.

Direitos desta edição adquiridos pela
EDITORA CIVILIZAÇÃO BRASILEIRA
Um selo da
EDITORA JOSÉ OLYMPIO LTDA.
Rua Argentina 171 – 20921-380 – Rio de Janeiro, RJ – Tel.: 2585-2000

Seja um leitor preferencial Record.
Cadastre-se e receba informações sobre
nossos lançamentos e nossas promoções.

Atendimento e venda direta ao leitor:
sac@record.com.br

Impresso no Brasil
2024

Sumário

Introdução	7
1. A cabeça nas nuvens	9
2. Poesia, filosofia e o mundo contemporâneo	11
3. O trabalho poético	15
4. Pensar o mundo e pensar sobre o mundo	19
5. A filosofia no poema	25
6. O poema é monumento, não documento	31
7. O verso ainda não é poesia	37
8. A Grécia e os versos	41
9. Lucrécio	45
10. A poesia está no poema; a filosofia está nas ideias	47
11. Os enunciados filosóficos são proposicionais	51
12. Os enunciados poéticos não são proposicionais	55
13. Poesia e contradição	61
14. Os fetiches retóricos	67
15. A escrita contra o fetichismo	71
16. A vanguarda contra o fetichismo	75
17. A questão do novo	83
18. A poesia e o grau de escritura	87
19. A intraduzibilidade da poesia	95
20. Os poetas e as musas	103
21. A concretude do poema	107
22. Os paradoxos	113
23. Os equívocos	123
Conclusão	125
Notas	131
Bibliografia	137

Introdução

Dedico-me tanto à filosofia quanto à poesia e, há muitos anos, grande parte do meu tempo — tanto de lazer quanto de trabalho — é devotado ora a esta, ora àquela. Tenho escrito livros de poemas e livros de ensaios filosóficos. Sabendo disso, muita gente me pergunta sobre a relação entre elas. Em que medida poesia e filosofia se assemelham? Em que medida diferem? Com isso, a questão sobre a relação entre poesia e filosofia acabou por se tornar um dos principais temas das minhas reflexões.

Abro o jogo desde o início: penso que a poesia e a filosofia são atividades humanas inteiramente diferentes uma da outra. Cheguei a essa conclusão não apenas a partir de uma reflexão abstrata sobre elas, mas também a partir de uma reflexão sobre a minha própria experiência com uma e com a outra.

Para mim, elas, de fato, são ocupações muito diferentes. Se eu quiser escrever um ensaio de filosofia, basta que me aplique a desenvolver e explicar determinadas ideias. Desde que eu trabalhe e não desanime, o ensaio ficará pronto, mais cedo ou mais tarde.

Não é assim com a poesia. A poesia é ciumenta e não aparece a menos que eu lhe dedique todo o meu espírito, todos os meus recursos, todas as minhas faculdades, sem garantia alguma de que, mesmo fazendo tudo o que ela exige, eu consiga escrever um poema. Não me basta trabalhar para que nasça um poema.

Isso me lembra que o poeta inglês W. H. Auden dizia, com razão, que:

Aos olhos dos outros, um homem é um poeta se escreveu um bom poema. A seus próprios, só é poeta no momento em que faz a última revisão de um novo poema. Um momento antes, era apenas um poeta em potencial, um momento depois, é um homem que parou de escrever poesia, talvez para sempre.[1]

Já o filósofo é filósofo, ainda que, como Sócrates, jamais escreva uma linha de filosofia.

Creio que posso resumir o modo um tanto peculiar como experimento a relação entre a minha atividade poética e a minha atividade filosófica dizendo que, em mim, quando o filósofo está presente, o poeta não aparece; e à chegada do filósofo, o poeta se retira. A pergunta feita pelo poeta Keats no poema "Lamia" responde a si própria:

> Foge ou não foge todo encanto
> Ao toque da fria filosofia?[2]*

Tal é a minha experiência pessoal. Concordo com Guimarães Rosa, para quem a filosofia mata a poesia.[3] E a poesia, digo eu, amolece a filosofia. Contudo, reconheço que, pelo menos desde o primeiro romantismo alemão, há outros pensadores — bons filósofos e/ou bons poetas — que pensam de modo inteiramente diferente. Dos contemporâneos cito, por exemplo, o filósofo italiano Giorgio Agamben e o poeta brasileiro Alberto Pucheu, que têm publicado ensaios muito estimulantes sobre esse tema.[4]

---

* *Do not all charms fly/ At the mere touch of cold philosophy?*

1. A cabeça nas nuvens

Parece-me que, em geral, a questão sobre as relações entre a poesia e a filosofia já pressupõe certo parentesco entre os dois discursos. O que se quer saber é o grau desse parentesco. Creio que uma das coisas que se observam em geral é, em primeiro lugar, que nem a filosofia nem a poesia têm grande (se é que têm alguma) utilidade prática.

No que diz respeito à filosofia, ninguém ignora que ela trata de assuntos extremamente genéricos e abstratos. Acaso não são seus objetos, entre outros, o "ser enquanto ser" (ou o "ente enquanto ente"), a relação entre a matéria e a ideia, a natureza da verdade etc.?

Não é à toa que o filósofo, dedicando-se a semelhantes questões, seja em geral considerado distraído ou avoado. Quando se diz vulgarmente que "fulano é um filósofo", normalmente o que se quer dizer é que fulano vive com a cabeça nas nuvens. Conta-se que, quando o primeiro filósofo, Tales, olhando para os astros, e sobre eles especulando, caiu num poço, uma moça trácia caçoou do fato de que, pretendendo conhecer os céus, ele ignorava o que se encontrava a seus pés. Um filósofo moderno, Hegel, comentou que as pessoas que riem dos filósofos que caem no poço não percebem que os filósofos, por sua vez, riem delas, que não podem cair no poço porque já se encontram no fundo dele desde sempre...[5]

A anedota sobre Tales corresponde à ideia que até hoje o senso comum faz do filósofo. Registrando essa ideia, o dicionário *Houaiss* da língua portuguesa, por exemplo, tem como um dos sentidos da palavra "filósofo": "que ou quem é desligado de preocupações materiais ou indiferente às convenções sociais"; e tem, como outro: "que ou quem é estranho, exótico".

Pois bem, em relação a "poeta", o mesmo dicionário apresenta, como um dos seus significados, "aquele que tem imaginação inspirada" e, também, "aquele que é dado a devaneios ou tem caráter idealista". Dado a devaneios? O poeta não é, então, pelo menos no imaginário popular, menos distraído ou avoado, não tem menos a cabeça nas nuvens, que o filósofo. E o povo não deixa de ter razão, nesse ponto. Que poderia, por exemplo, estar mais longe do mundo utilitário do dia a dia do que, por exemplo, o "Soneto do desmantelo azul", de Carlos Pena Filho?

> Então, pintei de azul os meus sapatos
> por não poder de azul pintar as ruas,
> depois, vesti meus gestos insensatos
> e colori as minhas mãos e as tuas.
> Para extinguir em nós o azul ausente
> e aprisionar no azul as coisas gratas,
> enfim, nós derramamos simplesmente
> azul sobre os vestidos e as gravatas.
> E afogados em nós, nem nos lembramos
> que no excesso que havia em nosso espaço
> pudesse haver de azul também cansaço.
> E perdidos de azul nos contemplamos
> e vimos que entre nós nascia um sul
> vertiginosamente azul. Azul.[6]

2. Poesia, filosofia e o mundo contemporâneo

Vivemos numa época que — com a Internet, os computadores, os celulares, os *tablets* etc. — experimenta o desenvolvimento de uma tecnologia que tem, entre outras coisas, o sentido manifesto de acelerar tanto a comunicação entre as pessoas quanto a aquisição, o processamento e a produção de informação. Seria, portanto, de esperar que, podendo fazer mais rapidamente o que fazíamos outrora, tivéssemos hoje à nossa disposição mais tempo livre. Ora, ocorre exatamente o oposto: quase todo mundo se queixa de não ter mais tempo para nada. Na verdade, o tempo livre parece ter encolhido muito.

Acontece que a poesia exige mais tempo livre do que a fruição de obras pertencentes a outros gêneros artísticos. Não precisamos nos concentrar numa canção ou numa pintura ou numa escultura ou na arquitetura de um prédio para que elas nos deleitem. Podemos apreciá-las *en passant*. Não é assim com um poema escrito. Quem lê um poema como se fosse um artigo, um ensaio ou um e-mail, por exemplo, não é capaz de fruí-lo. Para apreciar um poema é necessário dedicar-lhe tempo.

Por outro lado, tanto escutar uma palestra de filosofia quanto ler um texto filosófico exigem concentração, reflexão, questionamento, discussão consigo mesmo e/ou com outros: isto é, exigem tempo. O fato é que, numa época em que todos se queixam de falta de tempo, é evidente que sobram argumentos para aqueles que pretendem não haver mais, atualmente, lugar para a filosofia ou a poesia.

Mas o fato é que, nesse ponto, a situação da poesia parece ainda mais questionável que a da filosofia. Por quê? Porque o estudo da filosofia promete algumas recompensas um pouco mais palpáveis. Quem o faz, espera, em geral, que ela lhe dê certos conhecimentos ou orientações para a vida. Espera, por exemplo, que ela lhe aponte o que pode e deve conhecer; o que pode e deve fazer; o que pode e deve esperar da vida. Mas é difícil saber o que é que se aprende, de teórico ou prático, com o belo "Soneto do desmantelo azul", de Carlos Pena Filho, ou com o também belo "Pavão vermelho", de Sosígenes Costa.

> Ora, a alegria, esse pavão vermelho,
> está morando em meu quintal agora.
> Vem pousar como um sol em meu joelho
> quando é estridente em meu quintal a aurora.
>
> Clarim de lacre, esse pavão vermelho
> sobrepuja os pavões que estão lá fora
> É uma festa de púrpura. E o assemelho
> a uma chama do lábaro da aurora.
>
> É o próprio doge a se mirar no espelho.
> E a cor vermelha chega a ser sonora
> nesse pavão pomposo e de chavelho.
>
> Pavões lilases possuí outrora.
> Depois que amei esse pavão vermelho,
> os meus outros pavões foram-se embora.[7]

E como ninguém tem tempo para quase nada, por que perder tempo com algo que nada ensina de útil? A menos que o faça para se distrair um pouco do trabalho. Mas, como distração, não são poucos os que hoje afirmam que a poesia ficou para trás: que foi superada pelos joguinhos eletrônicos, por exemplo, que exigem menos pensamento e teriam mais a ver com o ritmo da vida contemporânea.

Pois bem, penso o contrário. É exatamente numa época de aceleração desembestada que a poesia mais se faz desejável. Por quê? Porque o que me parece inteiramente indesejável é a aceitação passiva da inevitabilidade do encolhimento do nosso tempo livre.

A verdade é que, se praticamente não temos mais tempo livre, isso ocorre porque praticamente todo o nosso tempo — mesmo aquele que se pretende livre — está preso. Preso a quê? Ao princípio do trabalho, ou melhor — inclusive, evidentemente nos tais joguinhos eletrônicos —, do desempenho. Não estamos livres quase nunca porque nos encontramos numa cadeia utilitária em que parece que o sentido de todas as coisas e pessoas que se encontram no mundo, o sentido inclusive de nós mesmos, é sermos instrumentais para outras coisas e pessoas.

Nessas circunstâncias, nada e ninguém jamais vale por si, mas apenas como um meio para outra coisa ou pessoa, que, por sua vez, também funciona como meio para ainda outra coisa ou pessoa, e assim *ad infinitum*. Pode-se dizer que participamos de uma espécie de linha de montagem em moto contínuo e vicioso, na qual se enquadram as próprias "diversões" que se nos apresentam imediatamente.

Em tal situação, parece-me que uma das poucas ocasiões em que conseguimos romper a cadeia utilitária cotidiana é quando, concedendo a um poema a concentração por ele solicitada, permitimos que nosso tempo seja regido pelo poema. Configura-se então um tempo livre, isto é, um tempo que já não se encontra determinado pelo princípio do desempenho.

Afinal, a rigor, o poema não serve para nada. Ou bem a leitura de um poema recompensa a si própria, isto é, vale por si, ou bem ela não vale absolutamente nada.

3. O trabalho poético

O poeta Carlos Drummond de Andrade tem um livro de poemas intitulado *A vida passada a limpo*.[8] Creio que ele pode nos ajudar a entender melhor a relação da poesia com o tempo.

Passar a limpo um texto é retirar-lhe tudo o que não lhe pertence por direito, modificar o que deve ser modificado, adicionar o que falta, reduzi-lo ao que deve ser e apenas ao que deve ser. No caso de um poema, faz-se isso até o impossível, isto é, até que ele resplandeça. O que resplandece é o que vale por si: o que merece existir.

Para tentar chegar a esse ponto, o poeta necessita pôr em jogo, até onde não possam mais ir, todos os recursos de que dispõe: todo seu intelecto, sua sensibilidade, sua intuição, sua razão, sua sensualidade, sua experiência, seu vocabulário, seu conhecimento, seu senso de humor etc. E entre os "cetera" encontra-se a capacidade de, a cada momento, intuir o que interessa e o que não interessa naquilo que o acaso e o inconsciente ofereçam.

Em princípio, tudo em um poema é arbitrário. O poeta sabe que a poesia é compatível com uma infinidade de formas e temas. Ele tem o direito de usar qualquer das formas tradicionais do verso, o direito de modificá-las e o direito de inventar novas formas para os seus poemas. Nenhuma opção lhe é vedada *a priori*; em compensação, nenhuma opção lhe confere garantia alguma de que sua obra venha a ter algum valor.

O poema se desenvolve a partir de alguma decisão ou de algum acaso inicial. Por exemplo, ocorre ao poeta, em primeiro lugar, uma frase que ouviu no metrô; a partir dela, esboça-se uma ideia: e ele começa a fazer um poema. Ou então lhe ocorre uma ideia e ele tenta desdobrá-la e realizá-la. A cada passo, é preciso fazer escolhas. Em algum momento — seja no início, seja no meio do trabalho — se impõe decidir a estrutura global do poema: se será longo ou curto; se será dividido em estrofes; se seus versos serão livres ou metrificados; se serão rimados ou brancos; se o poema como um todo terá um formato tradicional, como um soneto, ou uma forma *sui generis* etc. Às vezes, uma primeira decisão parece impor todas as demais, que vêm como que natural e impensadamente; às vezes, certos momentos se dão como crises que aguardam soluções.

Cada escolha que o poeta faz limita a liberdade vertiginosa de que ele dispunha antes de começar a escrever. As restrições devidas a formas autoimpostas são importantes, porque exatamente o esforço consciente e obsessivo para tentar resolver a tensão entre elas e o impulso expressivo é um dos fatores que mais propiciam a ocorrência de intervenções felizes do acaso e do inconsciente: o que, de certo modo, dissolve a dicotomia tradicional entre a inspiração, por um lado, e a arte ou o trabalho, por outro.

Assim, numa época em que "tempo é dinheiro", a poesia se compraz em esbanjar o tempo do poeta. Mas o poema em que a poesia esbanjou o tempo do poeta é aquele que também dissipará o tempo do leitor ideal, que se deleita ao flanar pelas linhas dos poemas que mereçam uma leitura ao mesmo tempo vagarosa e ligeira, reflexiva e intuitiva, auscultativa e conotativa, prospectiva e retrospectiva, linear e não linear, imanente e transcendente, imaginativa e precisa, intelectual e sensual, ingênua e informada. Ora, é por essa temporalidade concreta, que se põe no lugar da temporalidade abstrata do cotidiano, que se mede a grandeza de um poema. Goethe dizia — com certa razão até do ponto de vista etimológico — que, ao contrário do que se costuma pensar, poeta é gênero, artista é espécie.[9] É, de fato, possível pensar assim, e, quando o fazemos, a poesia fica sendo tomada como o gênero, e as artes, como as diversas espécies de poesia. Permito-me, por isso, considerar relevantes ao que acabo de dizer sobre a temporalidade da poesia as seguintes palavras do pintor japonês Hokusai:

> Desde seis anos, tenho mania de desenhar as formas das coisas. Aos cinquenta anos, eu tinha publicado uma infinidade de desenhos, mas nada do que fiz antes dos setenta anos vale a pena. Foi aos setenta e três que compreendi mais ou menos a estrutura da verdadeira natureza dos animais, das árvores, das plantas, dos pássaros, dos peixes e dos insetos.
>
> Consequentemente, quando eu tiver oitenta anos, terei progredido ainda mais; aos noventa, penetrarei no mistério das coisas. Com cem anos, serei um artista maravilhoso. E quando eu tiver cento e dez, tudo o que eu criar: um ponto, uma linha, tudo será vivo.
>
> Peço aos que viverem tanto quanto eu que vejam como cumpro minha palavra.
>
> *Escrito na idade de sete e cinco anos por mim, outrora Hokusai, hoje Gwakio Rojin, o velho louco pelo desenho.*[10]

Dizer, com Drummond, que a poesia é a vida passada a limpo é dizer que a vida — a vida do poeta — é o rascunho da poesia. Isso significa que o fim da vida do poeta é virar poesia. Por essa razão, longe de ser um meio (por exemplo, um meio de "expressão" ou de "comunicação") para o poeta, a poesia é o seu fim. Dado que o fim subordina os meios, e não vice-versa, o poeta é um servo — um servo voluntário e apaixonado, é verdade, mas um servo — da poesia. Nessa relação, não é ela que se inclina às conveniências dele, mas é ele que deve dobrar-se às exigências e aos caprichos — inclusive aos silêncios — dela.

4. Pensar o mundo e pensar sobre o mundo

Um dos admiráveis ciclos de conferências concebidos e organizados por Adauto Novais intitulava-se "Poetas que pensaram o mundo".[11] Sempre gostei desse título. É evidente que, embora filosofar seja sempre pensar, pensar nem sempre é filosofar. Mas e quanto a "pensar o mundo"? Pensar o mundo não será sempre filosofar? Em primeiro lugar, é preciso observar que a sintaxe presente na expressão "pensar o mundo" não é corriqueira ou normal. Normalmente dir-se-ia "pensar *sobre* o mundo".

Não é que seja gramaticalmente incorreto dizer-se "pensar o mundo": apenas, não se trata de uma construção comum. O verbo "pensar" pode ser intransitivo, transitivo direto ou transitivo indireto. Como transitivo *direto*, porém, seu objeto é normalmente (1) uma oração substantivada (diz-se, por exemplo, "eles pensam que a terra é plana"), (2) um verbo ("penso sonhar"), ou (3) um nome ou um pronome com função adverbial ("penso isso", por "penso assim"; "penso o contrário" por "penso de modo contrário"). Em geral, é somente como transitivo *indireto* que o objeto do verbo "pensar" pode ser um nome, de modo que se diz "penso *numa* (ou *sobre*) uma rosa" ou "penso *em* (ou *sobre*) Marcelo", mas raramente, exceto em poesia, dir-se-ia "penso uma rosa" ou "penso Marcelo".

Na verdade, parece-me que, quando tais construções ocorrem em campos discursivos especializados, como a filosofia, elas são inspiradas por paradigmas estrangeiros: mais precisamente, franceses. De fato, em francês é bem mais comum do que em português encontrarem-se títulos de livros ou artigos contendo sintagmas como "*penser l'être*", "*penser l'homme*", "*penser la vie*" etc. Entretanto, observo que, mesmo em francês, a disseminação de tal regência do verbo *penser* é fenômeno relativamente recente. Assim, ela não é mencionada senão ao final do longo verbete que o dicionário *Robert* dedica a esse verbo, no qual é classificada como um fenômeno tipicamente filosófico ou literário.[12] Na versão de 10/12/2002 do monumental *Trésor de la langue française*, publicado pelo CNRS, também no verbete "*Penser*", observa-se que "*penser quelque nom ou quelque chose*" é usado "sobretudo no domínio da reflexão, do conhecimento científico e filosófico", e os exemplos aduzidos provêm de textos de Sartre, de Merleau-Ponty e de Alain.[13] Trata-se, portanto, de um uso que, seguindo um vetor antissaussuriano, propaga-se do espaço literário para o espaço oral e, seguindo um vetor antiwittgensteiniano, da linguagem filosófica para a linguagem cotidiana.

Ora, não creio que a construção tradicional, em que o verbo "pensar", ao ter por objeto um nome, é transitivo indireto — construção que também se encontra nas demais línguas indo-europeias que conheço — seja inteiramente arbitrária. Parece-me que lhe subjaz uma concepção do pensamento como, em primeiro lugar, um ato dotado da estrutura de uma proposição, de uma sentença, de um juízo. Nesse sentido, pensar numa coisa ou sobre uma coisa é fazer para si mesmo um juízo simples ou composto a respeito dela: de que ela existe e/ou de que tem tais ou quais propriedades e/ou de que tem tais ou quais relações com tais ou quais coisas. Normalmente concebemos o pensamento, portanto, como primariamente discursivo ou dianoético, como dizia Aristóteles, e não como intuitivo ou noético. A preposição *em* ou *sobre*, quando digo "penso *numa* rosa" ou "penso *sobre* uma rosa", funciona como uma marca verbal do caráter mediado da relação do meu pensamento com a rosa. Interpondo-se entre o pensamento e a rosa, ela, por um lado, os separa e, por outro, os reúne. É desse modo que funciona o pensamento filosófico.

Se, portanto, há pouco, eu tivesse me perguntado se pensar *sobre* o mundo é sempre filosofar, então eu agora responderia que, sempre que se entende por "mundo" a totalidade do pensável considerada enquanto totalidade, "pensar sobre o mundo" é filosofar. Contudo, o que me perguntei há pouco foi se pensar *o* mundo é sempre filosofar. Ora, nessa pergunta, a abolição da preposição sugere a abolição da separação e da mediação entre o pensamento e a coisa pensada. É como se o pensamento não ficasse *sobre*, isto é, acima ou, de algum modo, *fora* do mundo, para pensá-lo. É como se apreendesse o mundo enquanto pensamento ou o pensamento enquanto mundo. Tal seria um pensamento intuitivo e noético, ou uma intuição intelectual. Nesse sentido, pensar *o* mundo — que é o que Adauto Novaes supunha que fizessem os poetas apreciados no ciclo de conferências "Poetas que pensaram o mundo" — afigura-se inteiramente diferente de pensar *sobre* o mundo e, portanto, de filosofar.

Podemos dizer que a poesia pensa ou reflete o mundo um pouco como o rio do poema homônimo de Manuel Bandeira reflete as nuvens; e como esse poema mesmo reflete o mundo:

> Ser como o rio que deflui
> Silencioso dentro da noite.
> Não temer as trevas da noite.
> Se há estrelas nos céus, refleti-las.
> E se os céus se pejam de nuvens,
> Como o rio as nuvens são água,

Refleti-las também sem mágoa
Nas profundidades tranquilas.[14]

Desde o título, "O rio", torna-se inevitável pensar no famoso rio do filósofo grego Heráclito, em que não é possível pisar duas vezes. O primeiro verso reforça essa impressão: "Ser como o rio"... Mas a sentença de Heráclito — à parte certas interpretações *recherchées* — enfatiza o mobilismo universal, o fato de que coisa nenhuma jamais permanece a mesma. O rio de Bandeira, ao contrário, é em primeiro lugar a própria imagem da constância e até de certo estoicismo: "Ser como o rio que deflui/ Silencioso dentro da noite./ Não temer as trevas da noite".

O rio a defluir silenciosamente dentro da noite não teme as trevas da noite porque ele é também o rio da noite, isto é, a noite enquanto rio. O infinitivo aqui é implicitamente desiderativo: ele manifesta um desejo. Mas quem é que aqui deseja? Talvez se possa dizer que aquele que deseja é o poeta, ou talvez o "eu" lírico, o heterônimo, o personagem em que o poeta se transforma para escrever o poema; mas o infinitivo excede qualquer subjetividade, qualquer "eu". A rigor, não interessa quem deseja, mas apenas o próprio desejo, que se identifica com o ser. Feito um fenômeno da natureza, feito o próprio rio silencioso dentro da noite e feito a própria noite, o desejo, o ser, os versos do poema e o próprio poema estão lá, no infinitivo, silenciosos como o rio e como a noite. Fundem-se no poema o leitor, o poeta, a noite, o rio, as estrelas:

Se há estrelas nos céus, refleti-las.
E se os céus se pejam de nuvens,
Como o rio as nuvens são água,
Refleti-las também sem mágoa
Nas profundidades tranquilas.

Se há estrelas nos céus, o poema as tem na superfície. Se há nuvens que o impedem de refletir as estrelas, aquelas são refletidas na profundidade do seu ser, pois as nuvens são feitas da mesma água que ele. Aqui é de Tales, o primeiro filósofo grego, para quem tudo vem da água e tudo volta para a água, mais que de Heráclito, que me lembro.

E me lembro sobretudo do poeta Jorge Luis Borges, cujo poema "Nuvens (I)" — do qual apresento a seguir uma tradução literal, seguida do original — diz:

Não haverá uma só coisa que não seja
uma nuvem. São nuvens as catedrais
de vasta pedra e bíblicos cristais
que o tempo aplanará. São nuvens a Odisseia
que muda como o mar. Algo há distinto
cada vez que a abrimos. O reflexo
de tua cara já é outro no espelho
e o dia é um duvidoso labirinto.
Somos os que se vão. A numerosa
nuvem que se desfaz no poente
é nossa imagem. Incessantemente
a rosa se converte noutra rosa.
És nuvem, és mar, és olvido.
És também aquilo que perdeste.[15]*

---

* Nubes (I) *No habrá una sola cosa que no sea/ una nube. Lo son las catedrales/ de vasta piedra y bíblicos cristales/ que el tiempo allanará. Lo es la Odisea,/ que cambia como el mar. Algo hay distinto/ cada vez que la abrimos. El reflejo/ de tu cara ya es otro en el espejo/ y en el día es un dudoso laberinto./ Somos los que se van. La numerosa/ nube que se deshace en el poniente/ es nuestra imagen. Incesantemente/ la rosa se convierte en otra rosa./ Eres nube, eres mar, eres olvido./ Eres también aquello que has perdido.*

5. A filosofia no poema

De todo modo, a despeito de tanto o filósofo quanto o poeta terem as cabeças nas nuvens, não são idênticas suas nuvens. Os assuntos do poeta não são tão genéricos e abstratos quanto os do filósofo. Ao contrário: parecem ser bastante concretos. O poeta fala, por exemplo, da manhã, da morte, do nascimento, do azul, dos sapatos, da rua, dos gestos, das mãos, dos vestidos, das gravatas, do cansaço... Fora o fato de que o que diz dessas coisas não está ligado a questões utilitárias, como é possível supor que haja algum parentesco entre eles e preocupações filosóficas tais como as que enumerei, isto é, o "ser enquanto ser", a relação entre a matéria e a ideia, ou a natureza da verdade?

Uma das respostas que poderão dar aqueles que acreditam no parentesco entre a poesia e a filosofia é que o poeta não fala literal ou explicitamente sobre os assuntos dos filósofos, mas os aborda de modo figurativo e implícito. Assim, cada um deles tomaria um caminho diferente, mas ambos chegariam ao mesmo ponto. Será verdade isso?

Não creio. Parece-me que talvez seja exatamente onde a poesia mais parece se aproximar da filosofia que mais dela se diferencia. Para explicar o que quero dizer, usarei um exemplo.

Um dos mais tradicionais motivos poéticos é o *carpe diem*, ou "colhe o dia". A própria expressão vem da seguinte ode do poeta romano Horácio (Ode I.xi), que diz:

Não interrogues, não é lícito saber a mim ou a ti
que fim os deuses darão, Leucônoe. Nem tentes
os cálculos babilônicos. Antes aceitar o que for,
quer muitos invernos nos conceda Júpiter, quer este último

apenas, que ora despedaça o mar Tirreno contra as pedras
vulcânicas. Sábia, decanta os vinhos, e para um breve

[espaço de tempo
poda a esperança longa. Enquanto conversamos terá

[fugido despeitada
a hora: colhe o dia, minimamente crédula no porvir.[16]*

Essa ode tem sido considerada uma obra-prima desde que foi escrita, há mais de dois mil anos. Sua "mensagem" são exatamente os conselhos que a figura do poeta dá a uma personagem feminina chamada Leucônoe. Em termos abstratos, a própria expressão *"carpe diem"*, ou "colhe o dia" pode ser convertida numa tese, tal qual "deve-se aproveitar o dia que corre". É possível encontrar nesse poema as seguintes proposições:

a. Não é possível prever o futuro.

b. Nossa vida é curta.

c. O tempo corre.

d. Nossa vida pode acabar a qualquer momento.

e. É inútil fazer planos para o futuro.

f. O melhor a fazer é aproveitar o presente.

Reconhece-se nisso uma expressão da filosofia epicurista. De fato, sobre o futuro, Epicuro, lembrava que

> [...] nascemos somente uma vez. Duas vezes não se nasce, e não se existirá mais durante a eternidade; mas tu, mesmo não tendo amanhã, adias a alegria. Ora, a vida, com a espera, desperdiça-se e ao final cada um de nós morre sem conhecer o lazer.

---

* *Tu ne quaesieris, scire nefas, quem mihi, quem tibi/ finem di dederint, Leuconoe, nec Babylonios/ temptaris numeros. ut melius, quidquid erit, pati./ seu plures hiemes seu tribuit Iuppiter ultimam,/ quae nunc oppositis debilitat pumicibus mare/ Tyrrhenum: sapias, vina liques, et spatio brevi/ spem longam reseces. dum loquimur, fugerit invida/ aetas: carpe diem quam minimum credula postero.*

Sobre a necessidade de aproveitar o presente, ele afirmava que o sábio, "assim como, em matéria de comida, não escolhe a maior, mas a mais gostosa, assim também não prefere o tempo mais longo, mas o mais agradável".[17] Observe-se que a palavra "prefere" traduz aqui a grega καρπίζεται, que quer em primeiro lugar dizer "colhe" (terceira pessoa do singular do presente do indicativo), e tem a mesma raiz que a latina "*carpo*", usada por Horácio para "colhe" (segunda pessoa do singular do imperativo).

Em suma, Horácio não diz, na ode citada, absolutamente nada de original, em matéria de filosofia. Se, portanto, ela constitui uma obra-prima — o que, como já foi dito, é amplamente reconhecido —, então isso não pode ser atribuído à filosofia que incorpora. Só esse fato já deixa claro que a filosofia não é, de maneira nenhuma, o "ponto de chegada" do poema: ela não passa de um dos seus elementos. Uma obra filosófica que meramente repetisse o que pudesse ser lido nas obras de outros filósofos poderia ser considerada, quando muito, didática. Nenhum filósofo de verdade a consideraria importante. Se uma obra poética é capaz de repetir o que algumas obras filosóficas já afirmaram e, no entanto, ser tida por obra-prima, como a ode X.xi de Horácio, é porque, evidentemente, não é o que ela contém de filosofia que a torna uma obra-prima.

Dando um salto de mais de vinte séculos, podemos apreciar a seguinte paródia contemporânea do *carpe diem* horaciano ("Horácio no Baixo"), recentemente publicada pelo poeta brasileiro Paulo Henriques Britto:

Tentar prever o que o futuro te reserva
não leva a nada. Mãe de santo, mapa astral
e livro de autoajuda é tudo a mesma merda.
O melhor é aceitar o que de bom ou mau

acontecer. O verão que agora inicia
pode ser só mais um, ou pode ser o último —
vá saber. Toma o teu chope, aproveita o dia,
e quanto ao amanhã, o que vier é lucro.[18]

De fato, o tema do *carpe diem* foi usado inúmeras vezes, antes (*avant la lettre*), durante e depois da época de Horácio. Um poeta que o fez uma geração antes de Horácio foi Catulo, do qual temos, entre outros, o seguinte exemplo. A tradução é de Haroldo de Campos:

> Vivamos, minha Lésbia, e amemos,
> e as graves vozes velhas
> — todas —
> valham para nós menos que um vintém.
> Os sóis podem morrer e renascer:
> quando se apaga nosso fogo breve
> dormimos uma noite infinita.
> Dá-me pois mil beijos, e mais cem,
> e mil, e cem, e mil, e mil e cem.
> Quando somarmos muitas vezes mil
> misturaremos tudo até perder a conta:
> que a inveja não ponha o olho de agouro
> no assombro de uma tal soma de beijos.[19]*

Ademais, é interessante observar que muitos poetas usam as considerações filosóficas epicuristas como o carpe diem simplesmente à guisa de argumentos para poemas que pretendem ser uma espécie de "cantada": chamando atenção para a brevidade da vida, o poeta tenta, por exem-

---

* Carmen V. *Vivamus, mea Lesbia, atque amemus,/ rumoresque senum severiorum/omnes unius aestimemus assis./ soles occidere et redire possunt: /nobis, cum semel occidit brevis lux,/ nox est perpetua una dormienda./ da mi basia mille, deinde centum,/ dein mille altera, dein secunda centum,/ deinde usque altera mille, deinde centum./ dein, cum milia multa fecerimus,/conturbabimus illa, ne sciamus,/ aut nequis malus invidere possit,/ cum tantum sciat esse basiorum.* (Catulo, *Poésies*, p. 5.)

plo, convencer uma moça a abandonar a virgindade, antes que seja tarde. Assim é, por exemplo, o seguinte soneto do poeta francês renascentista Pierre de Ronsard. A tradução é do poeta brasileiro Guilherme de Almeida.

Soneto para Helena

Quando fores bem velha, à noite, à luz da vela,
Junto ao fogo do lar, dobrando o fio e fiando,
Dirás, ao recitar meus versos e pasmando:
Ronsard me celebrou no tempo em que fui bela.
E entre as servas então não há de haver aquela
Que, já sob o labor do dia dormitando,
Se o meu nome escutar não vá logo acordando
E abençoando o esplendor que o teu nome revela.
Sob a terra eu irei, fantasma silencioso,
Entre as sombras sem fim procurando repouso;
E em tua casa irás, velhinha combalida,
Chorando o meu amor e o teu cruel desdém.
Vive sem esperar pelo dia que vem:
Colhe hoje, desde já, colhe as rosas da vida.[20]*

Aqui, como em tantos outros poemas, o *carpe diem* aproveita o mesmo fundo filosófico; mas esse fundo está longe de ser a razão da excelência de tais poemas. Ao contrário: trata-se de obras extremamente sofisticadas, *apesar* de, de certo modo, banalizarem as teses epicuristas de que se ser-

---

* *Quand vous serez bien vieille, au soir à la chandelle, / Assise auprès du feu, dévidant et filant,/ Direz chantant mes vers, en vous émerveillant:/ "Ronsard me célébrait du temps que j'étais belle."// Lors vous n'aurez servante oyant telle nouvelle,/ Déjà sous le labeur à demi sommeillant,/ Qui au bruit de mon nom ne s'aille réveillant,/ Bénissant votre nom, de louange immortelle.// Je serai sous la terre et, fantôme sans os,/ Par les ombres myrteux je prendrai mon repos;/ Vous serez au foyer une vieille accroupie,// Regrettant mon amour et votre fier dédain./ Vivez, si m'en croyez, n'attendez à demain:/ Cueillez dès aujourd'hui les roses de la vie.* (Pierre de Ronsard, "Poésies pour Hélène". In: Maurice Allem, *Anthologie poétique française. XVIe siècle*, p. 287.)

vem. Na verdade, paradoxalmente, essa banalização mesma, refletindo uma espécie de pouco-caso — de *sprezzatura* — para com a filosofia, por parte dos poetas em questão, é um dos índices da sofisticação de suas obras.

Em suma: o valor de uma obra de filosofia enquanto filosofia depende em grande medida da originalidade das teses filosóficas que ela afirma; o valor de uma obra de poesia enquanto poesia não depende da originalidade das teses filosóficas que ela afirma.

Espero que, nesse ponto, comece a ficar mais preciso o que pretendo dizer quando considero que a poesia e a filosofia são empreendimentos humanos inteiramente diferentes. Sustento que a poesia *enquanto poesia* é inteiramente diferente da filosofia *enquanto filosofia*. Em outras palavras: o que faz um texto ser apreciado enquanto poesia é inteiramente diferente daquilo que o faz ser apreciado enquanto filosofia.

Não é que não haja poemas que contenham teses filosóficas ou textos filosóficos que contenham trechos poéticos. É que o que torna um poema admirável enquanto poesia não é o que torna um texto filosófico admirável enquanto filosofia. O fato de um poema conter certas teses filosóficas admiráveis ainda não é suficiente para torná-lo admirável enquanto poesia; e o fato de um texto filosófico conter trechos poéticos admiráveis não é suficiente para tornar tal texto admirável enquanto filosofia. É certamente possível — embora raríssimo — que determinado texto seja híbrido, contendo tanto teses filosóficas quanto trechos poéticos admiráveis. Mesmo nesse caso, insisto que o que torna tal texto admirável enquanto poesia não é o que o torna admirável enquanto filosofia.

6. O poema é monumento, não documento

Voltemos a Ronsard. Entre outras coisas, seu soneto supõe que, graças a seus versos, muito tempo depois que Helena tiver perdido sua beleza, a maravilha que essa beleza foi um dia continuará a ser lembrada. Assim, o soneto de Ronsard reúne ao *carpe diem* outro importante motivo poético: o da perenidade do poema, ou melhor, da perenidade do grande poema. Se a juventude não dura, o grande poema, ao contrário, escapa à devastação do tempo. É assim que o grande dramaturgo e poeta francês do século XVII, Pierre Corneille, esnobado, por causa de sua idade avançada, por uma jovem marquesa, adverte-a (a tradução é do poeta Marcelo Diniz):

Estâncias à bela marquesa

Marquesa, se é verdade
Que tenho traços de velho,
Espere ter minha idade
E se contemple no espelho.

O tempo, contra o vigor
Das coisas belas, protesta,
E há de lhe fanar a flor
Tal qual enrugou-me a testa.

Noite e dia tudo flui,
Rege-nos a mesma lei:
A senhora é o que já fui,
E será como fiquei.

Porém tenho certo encanto
De tal maneira admirável
Que não me preocupa tanto
Que o tempo seja indomável.

Hoje apraz o seu encanto
E a senhora enjeita o meu,
Que talvez lhe valha, entanto,
quando fenecer o seu.

Ele quiçá salve a glória
Que seus olhos têm agora
E, em mil anos, a memória
Que me aprouver da senhora.

O futuro, com certeza,
Não deixará de me ler,
E dessa sua beleza
Só saberá o que eu disser.

Mesmo se, bela marquesa,
Um velho lhe causa horror,
Não lhe poupe gentileza
Se ele possui meu valor.[*]

Um grande exemplo da exaltação da perenidade da poesia são os versos conclusivos do longo poema "Metamorfoses", de Ovídio. Eles dizem:

Terminei obra que nem a ira de Júpiter
nem o fogo ou o ferro ou a voraz velhice

---

[*] Stances à la belle marquise. *Marquise, si mon visage/ A quelques traits un peu vieux,/ Souvenez-vous qu'à mon âge/ Vous ne vaudrez guère mieux.// Le temps aux plus belles choses/ Se plaît à faire un affront,/ Et saura faner vos roses/ Comme il a ridé mon front.// Le même cours des planètes/ Règle nos jours et nos nuits:/ On m'a vu ce que vous êtes;/ Vous serez ce que je suis.// Cependant j'ai quelques charmes/ Qui sont assez éclatants/ Pour n'avoir pas trop d'alarmes/ De ces ravages du temps.// Vous en avez qu'on adore,/ Mais ceux que vous méprisez/ Pourroient bien durer encore/ Quand ceux-là seront usés.// Ils pourront sauver la gloire/ Des yeux qui me semblent doux,/ Et dans mille ans faire croire/ Ce qu'il me plaira de vous.// Chez cette race nouvelle,/ Où j'aurai quelque crédit,/ Vous ne passerez pour belle/ Qu'autant que je l'aurai dit.// Pensez-y, belle Marquise/ Quoiqu'un grison fasse effroi,/ Il vaut bien qu'on le courtise,/ Quand il est fait comme moi.* (Pierre Corneille, Œuvres, v. 10, p. 164-166.)

abolirão. Que chegue a hora decisiva
para o meu corpo apenas e encerre o espaço
dos meus dias: e que a melhor parte de mim
eleve muito acima dos mais altos astros,
perene, e que nosso nome seja indelével,
e que onde quer que se abra a potência de Roma
sobre as terras dominadas eu seja lido
pelo povo, e que de fama através dos séculos,
segundo os presságios dos poetas, eu viva.*

Ovídio certamente conhecia a ode de Horácio que se tornara o modelo latino da exaltação da perenidade da poesia. Ei-la:

Ode III.xxx

Erigi um monumento mais duradouro que o bronze,
mais alto do que a régia construção das pirâmides
que nem a voraz chuva, nem o impetuoso Áquilo
nem a inumerável série dos anos,
nem a fuga do tempo poderão destruir.
Nem tudo de mim morrerá, de mim grande parte
escapará a Libitina: jovem para sempre crescerei
no louvor dos vindouros, enquanto o Pontífice
com a tácita virgem subir ao Capitólio.
Dir-se-á de mim, onde o violento Áufido brama,
onde Dauno pobre em água sobre rústicos povos reinou,
que de origem humilde me tornei poderoso,
o primeiro a trazer o canto eólio aos metros itálicos.
Assume o orgulho que o mérito conquistou

---

* *Iamque opus exegi, quod nec Iovis ira nec ignis/ nec poterit ferrum nec edax abolere vetustas./ cum volet, illa dies, quae nil nisi corporis huius/ ius habet, incerti spatium mihi finiat aevi:/ parte tamen meliore mei super alta perennis/ astra ferar, nomenque erit indelebile nostrum,/ quaque patet domitis Romana potentia terris,/ ore legar populi, perque omnia saecula fama,/ si-quid habent veri vatum praesagia, vivam.* (Ovídio, *Metamorphoseon libri XV*, 15.871, p. 380.)

e benévola cinge meus cabelos,
Melpómene, com o délfico louro.*

A própria admiração que essa ode continua a suscitar, parecendo confirmar o vaticínio de Horácio, aumenta a admiração por ela. Como a obra de Horácio, superou até as grandes expectativas que seu poema exprime. Embora o Pontífice já não suba ao capitólio com a tácita virgem, o mérito de Horácio ainda é plenamente reconhecido.

Observemos que o poeta Paulo Henriques Britto escreveu um interessante poema que parodia essa ode de Horácio, invertendo, de certo modo, o sentido do monumento:

Trompe l'oeil

Os fracassos todos de uma existência,
quando cuidadosamente empilhados,
observada uma certa coerência,
parecem uma espécie de pirâmide
monumental — ainda que truncada,

talvez — desde que olhados à distância
no momento preciso em que os atinge
o sol do entardecer, formando um ângulo
cujo valor exato se obtém
com base no... mas não, é mais esfinge

que pirâmide, sim, pensando bem —
quer dizer, uma esfinge estilizada,

---

* *Exegi monumentum aere perennius/ regalique situ pyramidum altius,/quod non imber edax, non aquilo impotens/ possit diruere aut innumerabilis/ annorum series et fuga temporum./ non omnis moriar multaque pars mei/ vitabit Libitinam: usque ego postera/ crescam laude recens, dum Capitolium/ scandet cum tacita virgine pontifex:/ dicar, qua violens obstrepit Aufidus/ et qua pauper aquae Daunus agrestium/ regnavit populorum, ex humili potens/ princeps Aeolium carmen ad Italos/ deduxisse modos. sume superbiam/ quaesitam meritis et mihi Delphica/ lauro cinge volens, Melpomene, comam.* (Horácio, "Carmen I.xi". In: *Horace: odes and epodes*, p. 93.)

> sugerida apenas, como convém
> a um monumento, ou cenotáfio, ao nada.[21]

Aqui, a obra constitui ironicamente um monumento ao nada. De todo modo, a própria caracterização horaciana da obra — e do próprio poema — como monumento é extremamente sugestiva, e nos traz a uma outra oposição entre poesia e filosofia. José Guilherme Merquior, discutindo a diferença entre documento e monumento, empregada pelo filósofo Michel Foucault em seu *A arqueologia do saber* — e provavelmente derivada, segundo o próprio Merquior, da obra do historiador de arte Irwin Panofsky —, explica que "os documentos são transmissores de referência externa; os monumentos são contemplados por si próprios".[22]

Eis outra diferença entre o texto poético e o texto filosófico. Pode-se dizer que, *em suma, enquanto, de maneira geral, o poema sendo contemplado por si próprio, funciona como um monumento, um texto filosófico, sendo lido em vista da tese que afirma, funciona como um documento.*

7. O verso ainda não é poesia

Pode-se argumentar, entretanto, que muitos filósofos, principalmente na Antiguidade clássica, são poetas, pois transmitiram seus pensamentos filosóficos através de poemas. Citam-se entre esses Xenófanes, Parmênides, Empédocles e Lucrécio, por exemplo. Nesse ponto, é preciso esclarecer se tais filósofos eram realmente poetas, isto é, se escreveram poemas de verdade. A questão não é saber se alguém pode tanto ser poeta quanto filósofo, mas sim se um texto pode ser simultaneamente — e no mesmo trecho — uma contribuição original ao pensamento filosófico e um bom poema.

É certo que os filósofos mencionados escreveram versos, mas escrever versos não é necessariamente escrever poemas. Pensa-se comumente que a palavra "poesia" é antônima de "prosa". Trata-se de um equívoco. "Poesia" não tem antônimo em português. Se quisermos falar do oposto à poesia ou ao poema, temos que usar algo como as expressões "não poesia" e "não poema".

É a palavra "verso" que é antônima da palavra "prosa". Essa oposição pode ser esclarecida etimologicamente. "Prosa", do vocábulo latino *prorsus* e, em última instância, de *"provorsus"* que quer dizer "em frente", "em linha reta", é o discurso que segue em frente, sem retornar. "Verso", do vocábulo latino *"versus"*, particípio passado substantivado de *"vertere"*, que quer dizer "voltar", "retornar", é o discurso que retorna.

O sentido da oposição entre verso e prosa na cultura oral primária (que é aquela que não conhece a escrita) não é idêntico ao que tem na cultura que emprega a escrita. Refiro-me aqui, em particular, à escrita alfabética. Nesta, podemos dizer que o texto em prosa é aquele que não passa de uma linha para outra senão ao chegar à margem direita da superfície sobre a qual é escrito, isto é, senão devido a uma contingência física. Em princípio, mesmo um texto extenso poderia ser escrito numa única linha que se prolongasse indefinidamente, sem jamais retornar à margem esquerda. Em contraste com isso, o texto em versos é o que passa de uma linha para outra — retorna à margem esquerda — ainda que não haja nenhuma necessidade física para isso.

Já na cultura oral primária, o verso pode ser definido como um sintagma que exemplifica um padrão sonoro (ritmo, metro ou medida) recorrente. Sendo assim, a prosa não consiste num gênero literário, mas apenas na fala em que não ocorre semelhante reiteração. A rigor, não há nenhum gênero literário em tal cultura, pela razão óbvia de que a própria palavra "literário" provém de "letra". O que nela existe é a diferença entre aquilo que se reitera e aquilo que não se reitera. O que se reitera sistematicamente é um padrão sonoro, uma palavra, um verso, um provérbio, uma canção, um poema. Na cultura oral primária, o que se reitera sistematicamente é o enunciado que foi memorizado, que é chamado de ἔπος — *epos* (plural: *êpea*) — na Grécia arcaica. O que não é *epos*, o que não se reitera, é μύθος — *mythos* —, palavra da qual provém a nossa "mito", mas que originalmente significava simplesmente "fala".[23]

Voltando a falar da escrita, lembro que Aristóteles já advertia contra a confusão entre poesia e verso, dizendo que "também os que expõem algo de medicina ou física em verso são chamados assim [de poetas]. Porém nada há de comum entre [por exemplo] Homero e Empédocles, além do verso, de modo que é justo chamar o primeiro de 'poeta' e o outro de 'filósofo da natureza', φυσιόλογος, em vez de *poeta*".[24]

De fato, qualquer coisa pode ser escrita em versos; qualquer um pode aprender a escrever versos; mas não chamamos de "poema" qualquer texto escrito em versos, nem de "poeta" qualquer um que tenha aprendido a escrever versos. Uma pessoa que tenha simplesmente posto em versos um código de trânsito, por exemplo, não terá necessariamente transformado o código em poema, nem ter-se-á desse modo tornado um poeta.

8. A Grécia e os versos

Creio que há uma importante razão pela qual os filósofos gregos citados — Xenófanes, Parmênides e Empédocles — escreveram em versos. Em parte, isso se deve ao fato de que, na Grécia, as obras em prosa surgiram muito depois das obras em verso. A prosa, como gênero literário, surgiu bem depois da poesia. As origens desta são imemoriais; já as origens da prosa literária dependem das letras, isto é, da escrita.

Explica-se. É evidente que não existem senão as obras que podem ser encontradas no mundo. Se uma obra deixa de ter uma identidade, isto é, se ela não pode ser reencontrada no mundo, ela deixa de existir. Se uma escultura desaparecer ou for estragada de tal modo que perca sua identidade, de modo que não seja mais possível reencontrá-la no mundo, ela deixa de existir. Isso vale também para uma obra como um texto. Vale para uma sequência de versos, por exemplo. Para que um verso — ou, evidentemente, uma sequência de versos — exista, é necessário e suficiente que possa ser reencontrado no mundo: por ter sido, por exemplo, escrito em uma folha de papel ou em papiro, ou em um muro, ou em um vaso; ou ainda por se encarnar na voz de alguém que o recite, cante ou reitere. Neste último caso, ele se chama, como vimos no capítulo anterior, *epos*.

Vimos também que o *epos* se opõe ao *mythos*, que é o discurso que não é memorizado, logo, não é reiterável. Assim é, na cultura oral primária, a prosa. O *mythos*, a prosa, é o discurso que, não tendo sido memorizado, vai sempre em frente, sem jamais se reiterar: é, portanto, o discurso que, não possuindo identidade, não podendo ser reencontrado no mundo, não chega a constituir obra. É por isso que não há, numa cultura oral primária como a grega, nenhuma obra em prosa antes da adoção da escrita. E é sem dúvida por isso que, associando a noção de "obra" em primeiro lugar com a de *êpea* ou "versos", os primeiros filósofos preferiram escrever em versos.

Sendo assim, não posso concordar com a tese de Giorgio Agamben de que a separação, em nossa cultura, entre a poesia e a filosofia seja o resultado de uma "cisão" que em geral aceitamos como perfeitamente natural. Tampouco me pareceu que ela seja "a única coisa que mereceria interrogação".[25] A pressuposição de que, no passado, tenha ocorrido uma cisão merecedora de tamanha interrogação repousa na pretensão de que, antes dela, a poesia e a filosofia tenham sido um só empreendimento. Ora, nada indica tal coisa, exceto para quem equivocadamente confunda poesia com versificação. A poesia é anterior à filosofia e esta, quando surge, já é crítica em relação à poesia, isto é, a Homero e Hesíodo.[26]

O verso foi abandonado pelos maiores filósofos da época moderna. É verdade que há poetas que escrevem poemas considerados "filosóficos", como o "Ensaio sobre o homem", do inglês Alexander Pope, que viveu no século XVIII. Contudo, vale para Pope o mesmo que para o Horácio do *carpe diem*: ele não inovou, do ponto de vista filosófico. Tem razão a crítica norte-americana Helen Vendler, ao observar que

> [...] se Pope, no seu tempo, houvesse querido ser considerado filósofo, ele não teria escrito o "Ensaio" em versos. [...] As ideias passam por tensões peculiares quando são incorporadas por uma poesia poderosa, e os poetas que escrevem o que chamamos de "verso filosófico" são bem conscientes da

medida em que, uma vez domesticadas na cama topologica-
mente flexível da poesia, as ideias são forçadas a adquirir
formas peculiares.[27]

Penso que o mesmo ocorre com os demais "poetas fi-
losóficos".

9. Lucrécio

No capítulo 7, perguntamo-nos se os filósofos que escreviam em versos foram, de fato, poetas e lembramos que Aristóteles parece ter considerado Empédocles antes um versejador que um poeta. A despeito de concordarmos ou não com esse juízo, devemos reconhecer que Lucrécio foi com certeza um poeta. Cícero, seu contemporâneo, já falava dos muitos lampejos de gênio e da grande arte que seus poemas exibiam.[28] O próprio Lucrécio se tomava em primeiro lugar como poeta. Em relação a ele, é preciso inverter a pergunta que fiz acima sobre os filósofos que escreveram em versos. Não se trata de saber se o filósofo Lucrécio foi realmente um poeta, isto é, se escreveu poemas de verdade, mas de saber se o poeta Lucrécio foi realmente um filósofo de verdade. Ora, ser um filósofo de verdade é ser um filósofo original. Como já foi assinalado, um pretenso filósofo que apenas repita o que outro filósofo ou, ecleticamente, outros filósofos tenham dito pode ser até um bom professor de filosofia, mas não chega a ser um filósofo de verdade.

Pois bem, o fato é que, enquanto poeta, Lucrécio se atribuía a missão precípua de tornar atraente e divulgar a filosofia de Epicuro, que considerava um grande gênio e benfeitor da humanidade. Mas Lucrécio jamais teve a pretensão de ter descoberto essa doutrina. Bastava-lhe explicar em versos latinos as obscuras descobertas dos gregos.[29]*
A "grande esperança de glória" pela qual, em certo momen-

---

* *Nec me animi fallit Graiorum obscura reperta/ Difficile inlustrare Latinis versibus esse.* (Lucrécio, *De rervm natura*, I. 136, p. 182.)

to do poema, ele confessa ter-se deixado apoderar baseava-se na pretensão de conseguir expor a filosofia de Epicuro com "luminosos versos, a tudo tocando com a graça das Musas".[30]* E explicava:

> Assim como os médicos, quando tentam dar às crianças o repugnante absinto, primeiro põem, no bordo da taça, louro, fluido e doce mel, de modo que, pela idade imprevidente e pelo engano dos lábios, tomem a amarga infusão do absinto e, não significando esse engano prejuízo, possam desse modo readquirir a saúde, assim também eu, como essa doutrina parece muito desagradável a quem não a tratou, e foge diante dela, horrorizado, o vulgo, quis, em verso eloquente e harmonioso, expor-te as minhas ideias e tingi-las, por assim dizer, do doce mel das Musas; a ver se por acaso posso manter o teu espírito encantado com meus versos, enquanto penetras toda a natureza e as leis da sua formação.[31]**

---

* *Deinde quod obscura de re lúcida pango/ Carmina, masaeo contingens cucta lepore.* (Lucrécio, *De rervm natura*, I. 933-934, p. 222.)

** *sed vel uti pueris absinthia taetra medentes/ cum dare conantur, prius oras pocula circum/ contingunt mellis dulci flavoque liquore,/ ut puerorum aetas inprovida ludificetur/ labrorum tenus, interea perpotet amarum/ absinthi laticem deceptaque non capiatur,/ sed potius tali facto recreata valescat,/ sic ego nunc, quoniam haec ratio plerumque videtur/ tristior esse quibus non est tractata, retroque/ volgus abhorret ab hac, volui tibi suaviloquenti/ carmine Pierio rationem exponere nostram/ et quasi musaeo dulci contingere melle,/ si tibi forte animum tali ratione tenere/ versibus in nostris possem, dum perspicis omnem/ naturam rerum, qua constet compta figura.* (Lucrécio, *De rervm natura*, I. 936, ss.)

10. A poesia está no poema; a filosofia está nas ideias

Logo na introdução, observei que, ao contrário do que ocorre com os poetas, é perfeitamente concebível que um filósofo jamais tenha produzido obra nenhuma.

O filósofo Sócrates, por exemplo, jamais escreveu coisa nenhuma. No entanto, ninguém duvida que tenha sido um grande filósofo. Com efeito, existe, desde a Grécia Antiga, uma vasta e crescente bibliografia sobre a filosofia de Sócrates.

Algo semelhante pode ser dito sobre Pitágoras, a quem, aliás, a tradição atribui a invenção do nome "filosofia".[32] David da Armênia conta que Pitágoras

> [...] afirmava não querer colocar o que lhe pertencia em seres sem alma (ἐν αψύχοι) — chamava os livros de seres sem alma —, mas sim em seres dotados de alma (ἐμψύχοι), isto é, nos discípulos, capazes tanto de ser interrogados quanto de responder.[33]

Esse mesmo argumento foi usado por Platão no diálogo *Fedro*.[34] Curiosamente, Platão — ao contrário de seu mestre Sócrates — foi um grande escritor: talvez até tenha sido, de todos os filósofos, o maior prosador. Entretanto, no diálogo citado, Platão usa o personagem de Sócrates para afirmar que a verdadeira filosofia está escrita na alma do filósofo, e não nos livros. A escrita como um todo não merece grande consideração, segundo ele. Ela é, no máximo, um meio de recordar, para aqueles que já sabem. A filosofia que o filósofo escreveu ou inscreveu na sua alma manifesta-se, em primeiro lugar, no seu modo de pensar e viver.[35] Também na sua famosa Carta VII, escrita aos amigos do tirano Dion, que fora assassinado, Platão se manifesta claramente contra escrever sobre a filosofia.[36]

Por outro lado, Platão considera ser justo chamar de "poeta" ou "escritor" "aquele que nada tem de mais valioso do que as coisas que compôs ou escreveu, passando o tempo a revirá-las de cima a baixo, colando palavras umas nas outras ou apagando-as".[37]

Platão deve ter de fato observado o modo como trabalham os poetas. O poeta inglês W. H. Auden, por exemplo, dizia que

> [...] um poeta é, antes de qualquer outra coisa, uma pessoa que ama apaixonadamente a linguagem. Se tal amor é sinal de seu dom poético ou é o próprio dom — pois a paixão é algo dado, e não escolhido — não sei, mas é certamente o sinal pelo qual se reconhce se um jovem é potencialmente poeta ou não.

> "Por que você quer escrever poesia?" Se o jovem responde: "Tenho coisas importantes a dizer", então não é um poeta. Se responde: "Gosto de curtir as palavras, ouvindo o que elas têm a dizer", então talvez se torne um poeta.[38]

Isso nos lembra o poeta Mallarmé que, quando o pintor Degas lhe confessou seu desejo de escrever poemas, já que tinha muitas ideias, respondeu-lhe que um poema não se escreve com ideias, e sim com palavras.[39]

Com efeito, ao contrário do que ocorre com os filósofos, não há poeta que não tenha ao menos uma obra poética. Não se considera poeta quem não tenha composto ao menos um poema. É impossível escrever um livro sobre a poesia de um poeta do qual não se possa ler ao menos um poema ou um fragmento considerável de poema.

É que, enquanto a filosofia não se realiza plenamente nos discursos filosóficos, que não passam de caminhos para aquela, a poesia se realiza plenamente nos discursos poéticos, que são os poemas. Mesmo etimologicamente isso é verdadeiro, pois enquanto "filosofia" significa o puro amor à sabedoria, o que não implica *fazer* ou *produzir* coisa alguma, "poesia" significa *feitura* ou *produção*, e o poema é o *feito, o produto*. Observe-se que, na Antiguidade, não se cunhou a palavra *filosofema*, análoga a *poema*.

Em suma, enquanto a finalidade da obra filosófica é a manifestação — na vida e na obra do filósofo — de uma proposição, tese ou doutrina filosófica, a finalidade da poesia é a obra poética, isto é, o poema.

Examinemos isso mais concretamente.

11. Os enunciados filosóficos são proposicionais

Acabo de afirmar que a finalidade da obra filosófica é basicamente a manifestação de uma proposição, tese ou doutrina filosófica. Uma proposição consiste num enunciado declarativo que em princípio possua valor-verdade, isto é, que seja ou verdadeiro ou falso. Como as próprias teses e doutrinas se compõem de proposições, podemos reduzir a obra filosófica basicamente a um conjunto de proposições ou a uma proposição complexa.

Assim, por exemplo, a primeira sentença filosófica preservada, de Anaximandro de Mileto, diz:

> Princípio dos entes é o *ápeiron* [isto é, o infinito, o ilimitado, o indefinido e/ou o indeterminado]. A geração é para os entes a partir das coisas em direção às quais também a corrupção deles se gera segundo o necessário. Pois eles dão justiça e reparação uns aos outros pela injustiça, segundo a ordem do tempo.[40]

Aqui temos três proposições:

a. O princípio dos entes é o *ápeiron*.

b. A geração é para os entes a partir das coisas em direção às quais também a corrupção deles se gera segundo o necessário.

c. Os entes dão justiça e reparação uns aos outros pela injustiça, segundo a ordem do tempo.

E, no merecidamente famoso início de *Metafísica*, Aristóteles diz:

> Todos os homens desejam por natureza saber. Uma indicação disso é o amor aos sentidos. Pois fora da sua utilidade, eles são amados por si mesmos, e mais de todos o que vem pelos olhos. Pois não somente para fazer alguma coisa, mas

mesmo quando não pretendemos fazer coisa nenhuma preferimos a vista a, por assim dizer, todos os outros.[41]

Aqui temos pelo menos as seguintes proposições:

a. Todos os homens desejam por natureza saber.

b. Fora da sua utilidade, os sentidos são amados por si mesmos.

c. O amor aos sentidos é uma indicação de que todos os homens desejam por natureza saber.

d. Mais de todos os sentidos, o que vem pelos olhos é amado por si mesmo.

e. Preferimos a vista a todos os outros sentidos para fazer alguma coisa.

f. Preferimos a vista a todos os outros sentidos, mesmo quando não pretendemos fazer coisa nenhuma.

Assim também afirmações como a de Kant, de que "Nossa época é a época da crítica"; a de Sartre, de que "a existência precede a essência"; a de Heidegger, de que "o pensamento age quando pensa" e a de Popper, de que "o critério do estatuto científico de uma teoria é sua falsificabilidade ou refutabilidade, ou testabilidade" são proposições. É igualmente uma proposição o axioma empirista *nihil est in intellectus quod non fuerit in sensu* (nada está no intelecto que não tenha estado no sentido). A famosa resposta de Leibniz a isso, *nisi ipse intellectu* (exceto o próprio intelecto), implica a proposição antiempirista de que o próprio intelecto jamais esteve no sentido. Também são proposições teses como a de Spinoza, de que as coisas naturais não têm nenhuma finalidade estabelecida, ou a dos filósofos mobilistas, de Heráclito a Engels, de que o universo se encontra em mudança incessante etc.

Evidentemente, cada proposição é incompatível com a proposição que lhe é contraditória. Assim, a tese mobilista é incompatível com a tese eleática, segundo a qual o universo é essencialmente imutável; a de Spinoza, de que as coisas naturais não têm causas finais estabelecidas por Deus é incompatível com a de Tomás de Aquino, segundo a qual as coisas naturais se movem para determinados fins estabelecidos por Deus etc. Uma doutrina filosófica auto-contraditória invalida a si própria.

12. Os enunciados poéticos não são proposicionais

Consideremos um enunciado que ocorre num dos mais famosos poemas de Carlos Drummond de Andrade. Refiro-me ao enunciado "tinha uma pedra no meio do caminho". Tratar-se-á de uma proposição? Em determinados contextos, esse enunciado é, de fato, uma proposição. Digamos, por exemplo, que, explicando a alguém como foi que tropecei e caí, eu diga: "tinha uma pedra no meio do caminho". Terei, então, expresso uma proposição, pois, em princípio, esse enunciado terá sido verdadeiro ou falso.

Examinemos agora a ocorrência do mesmo enunciado, no poema de Drummond "No meio do caminho":

No meio do caminho tinha uma pedra
tinha uma pedra no meio do caminho
tinha uma pedra
no meio do caminho tinha uma pedra.

Nunca me esquecerei desse acontecimento
na vida de minhas retinas tão fatigadas.
Nunca me esquecerei que no meio do caminho
tinha uma pedra
tinha uma pedra no meio do caminho
no meio do caminho tinha uma pedra.[42]

O enunciado "no meio do caminho tinha uma pedra" é reiterado diversas vezes. À primeira vista, ele também exprime uma proposição. Na verdade, porém, trata-se de uma pseudoproposição. Por quê?

Porque, sendo essencialmente descontextualizado, não se pode saber precisamente o que é que esse enunciado afirma e, consequentemente, não se pode nem em princípio saber se ele exprime uma proposição verdadeira ou falsa. Tinha uma pedra no meio de que caminho? Quando? Onde? É impossível determiná-lo. Não teria o menor sentido dizer que, nesse poema, o enunciado "No meio do caminho tinha uma pedra" é falso. Algo análogo ocorre com a maior parte dos poemas.

Além disso, ainda que fosse possível descobrir se havia uma pedra no meio do caminho do poeta, essa descoberta seria inteiramente irrelevante para a fruição estética do poema de que esse enunciado faz parte; ora, já vimos que a finalidade do poema é ser fruído esteticamente. Que pensaríamos de alguém que nos dissesse, por exemplo, que esse poema de Drummond é ruim porque, na verdade, não havia pedra nenhuma no caminho do poeta? Acharíamos que tal pessoa era inepta ou insana; ou, pelo menos, acharíamos que ela não sabia o que é um poema.

É claro, porém, que é possível achar poemas que contêm proposições. Tomemos outro exemplo, do próprio Drummond: o poema "Confidência do itabirano". Ele diz:

Alguns anos vivi em Itabira.
Principalmente nasci em Itabira.
Por isso sou triste, orgulhoso: de ferro.
Noventa por cento de ferro nas calçadas.
Oitenta por cento de ferro nas almas.
E esse alheamento do que na vida é porosidade e
                         [comunicação.

A vontade de amar, que me paralisa o trabalho,
vem de Itabira, de suas noites brancas, sem mulheres
                         [e sem horizontes.

E o hábito de sofrer, que tanto me diverte,
é doce herança itabirana.

De Itabira trouxe prendas diversas que ora te ofereço:
esta pedra de ferro, futuro aço do Brasil,
este São Benedito do velho santeiro Alfredo Duval;
este couro de anta, estendido no sofá da sala de visitas;
este orgulho, esta cabeça baixa...

Tive ouro, tive gado, tive fazendas.
Hoje sou funcionário público.
Itabira é apenas uma fotografia na parede.
Mas como dói![43]

Os dois primeiros versos podem ser tomados como proposições: e proposições verdadeiras, pois sabemos que Drummond era itabirano e que lá morou alguns anos. Um verso como "noventa por cento de ferro nas calçadas", pode ser tomado como a proposição "há noventa por cento de ferro nas calçadas de Itabira", que talvez seja verdadeira. No entanto, ainda que descobríssemos que fosse falsa — digamos que haja apenas cinquenta por cento de ferro nas calçadas —, isso em nada diminuiria o valor desse poema. Outros versos, como "Oitenta por cento de ferro nas almas" não são nem pretendem ser proposições de verdade. Em suma, esse poema, tomado como um todo, não pode, de maneira nenhuma, ser tomado como uma proposição. No entanto, isso não impede que seja considerado grande poema, tal que mereça figurar, por exemplo, numa famosa antologia dos cem melhores poemas brasileiros do século XX.[44]

Lembro que no capítulo 5, ao citar e comentar a "mensagem" da Ode I.xi, de Horácio, que introduz o tema do *carpe diem*, mostramos que é possível nela encontrar pelo menos seis proposições. Ora, basta comparar essas seis proposições, de um epicurismo absolutamente corriqueiro, com a magnífica Ode I.xi de Horácio, de onde elas foram retiradas, para ter a evidência cabal de que é impossível reduzir um verdadeiro poema a uma proposição ou a um conjunto de proposições.

Nicolás Gómez Dávila dizia, com razão, que comunicação e expressão não são fins, mas meramente meios da obra de arte.[45] Aqui podemos dizer que a comunicação, a expressão *e as proposições* não são fins, mas meramente meios do poema.

Tendo isso em mente, podemos pensar num poema como o de Juan Ramón Jiménez:

> Te desfolhei como uma rosa,
> Para ver tua alma,
> E não a vi.
> Mas tudo em torno
> — horizontes de terras e de mares —
> Tudo, até o infinito,
> Se inundou de uma essência
> Imensa e viva.*

Ao "desfolhar" um grande poema, isto é, ao lê-lo como ele deve ser lido, jamais encontraremos uma proposição que nos dê a sua essência ou "alma"; no entanto, tudo se inunda de uma essência imensa e viva.

Sendo assim, o Nietzsche das "Considerações extemporâneas" tem toda razão quando afirma que

> [...] o homem teórico** entende do propriamente poético, do mito, precisamente tanto quanto um surdo de música, isto é, ambos veem um movimento que lhes parece sem senti-

---

* *Te deshojé, como una rosa,/ para verte tu alma,/ y no la vi./ Mas todo en torno/ — horizontes de tierras y de mares —,/ todo, hasta el infinito,/ se colmó de una esencia/ inmensa y viva.* (Juan Ramón Jiménez, *Diário de un poeta recién casado*, p. 75.)

** Entenda-se: o homem teórico *enquanto* homem teórico.

do. A partir de uma dessas esferas disparatadas não se pode ver a outra: enquanto se está sob o encanto do poeta, pensa-se com ele, como quem é somente um ser que sente, vê e ouve; as conclusões a que se chega são as articulações dos acontecimentos que se veem, logo, causalidades factuais, não lógicas.[46]

13. Poesia e contradição

Vimos que uma proposição filosófica é incompatível com a sua contraditória. Como os enunciados poéticos não constituem proposições (embora, como o poema "Confidência de itabirano", possam comportar proposições, como elementos de uma totalidade que as transcende), pouco lhes importa que as proposições que comportem ou pareçam comportar contradigam umas às outras.

Digamos que alguém escreva um poema afirmando o oposto do que "No meio do caminho", de Drummond, parece afirmar; isto é, que afirme: "Não tinha nenhuma pedra no meio do caminho". Ainda que se trate de um bom poema, não acharemos que ele realmente desminta o poema do Drummond. Podemos apreciar igualmente um poema que, aparentemente, afirme X (seja lá o que for X) e um poema que, aparentemente, afirme não X.

Já vimos que, enquanto a Ode I.xi, de Horácio, que introduz a expressão *carpe diem*, recomenda ignorar-se o futuro, a ode III.xxx exalta o futuro do livro a que pertence. Haroldo de Campos escreveu um poema que, já no seu título, se refere a essa aparente contradição horaciana:

Horácio contra Horácio

ergui mais do que o bronze ou que a pirâmide
ao tempo resistente um monumento
mas gloria-se em vão quem sobre o tempo
elusivo pensou cantar vitória:
não só a estátua de metal corrói-se
também a letra os versos a memória
— quem nunca soube os cantos dos hititas
ou dos etruscos devassou o arcano?

o tempo não se move ou se comove
ao sabor dos humanos vanilóquios —
rosas e vinho — vamos! — celebremos
o instante a ruína a desmemória[47]

Voltando a Horácio, observemos que sua Ode III.xxx pode também ser lida de modo que não necessariamente contradiga a Ode I.xi. Digamos que a concepção de poesia subjacente à Ode III.xxx seja a de que, dado que o grande poema vale por si, ele é, em princípio, indiferente às contingências do tempo. Sendo assim, não se concebe um tempo futuro em que tal poema venha a caducar. Logo, mesmo reconhecendo a possibilidade de que os textos se percam, talvez a verdadeira razão do orgulho de Horácio seja o fato de que suas odes intrinsecamente merecem existir. Isso quer dizer que elas merecem existir *agora*. E merecem existir agora, seja quando for o agora, seja quando for que alguém diga ou pense: "agora". É desse modo que, precisamente ao celebrar "o instante a ruína a desmemória", o poema se faz eterno agora. Nesse sentido, apreciá-lo também é colher o dia: *carpere diem*, no sentido da Ode I.xi.

Aliás, uma interessante variante do *carpe diem* é oferecida pelo seguinte soneto invertido (isto é, em que os tercetos ocorrem antes dos quartetos) de Mário Faustino, que fala de *conservar* o dia:

Carpe diem

Que faço deste dia, que me adora?
Pegá-lo pela cauda, antes da hora
Vermelha de furtar-se ao meu festim?
Ou colocá-lo em música, em palavra,
Ou gravá-lo na pedra, que o sol lavra?
Força é guardá-lo em mim, que um dia assim
Tremenda noite deixa se ela ao leito

Da noite precedente o leva, feito
Escravo dessa fêmea a quem fugira
Por mim, por minha voz e minha lira.

(Mas já de sombras vejo que se cobre
Tão surdo ao sonho de ficar — tão nobre.
Já nele a luz da lua — a morte — mora,
De traição foi feito: vai-se embora.)[48]

Seja como for, independentemente das contradições que acaso contenham, o fato de os poemas não serem proposicionais é que nos permite apreciar igualmente, e no mesmo fôlego, tanto a Ode I.xi, quanto a Ode III.xxx, e o poema de Haroldo.

No poema "Catar feijão", o poeta João Cabral de Melo Neto exprime, metafórica porém ostensivamente, algumas ideias sobre escrever: sobre, no fundo, escrever poemas:

Catar feijão se limita com escrever:
jogam-se os grãos na água do alguidar
e as palavras na da folha de papel;
e depois, joga-se fora o que boiar.
Certo, toda palavra boiará no papel,
água congelada, por chumbo seu verbo:
pois para catar esse feijão, soprar nele,
e jogar fora o leve e oco, palha e eco.

Ora, nesse catar feijão entra um risco:
o de que entre os grãos pesados entre
um grão qualquer, pedra ou indigesto,
um grão imastigável, de quebrar dente.
Certo não, quando ao catar palavras:
a pedra dá à frase seu grão mais vivo:
obstrui a leitura fluviante, flutual,
açula a atenção, isca-a com risco.[49]

Tratando-se de uma espécie de *ars poética*, esse poema chega bastante perto de ser proposicional, dizendo que o poeta deve livrar-se do que é leve (superficial) e oco (insubstancial), palha (ninharia) e eco (repetição do que já foi dito); e que, longe de buscar uma dicção de musicalidade convencional e fácil, deve criar ruídos, obstáculos, surpresas que obriguem o leitor a se manter acordado e atento, retirando-o, através de usos fonéticos, sintáticos, semânticos inesperados, da sonolência, do torpor e da autossatisfação do habitual, do que já tenha sido digerido. A surpreendente comparação entre catar feijão e escrever um poema faz parte de sua estratégia.

Ora, o próprio poema é admirável, não porque proponha essa *ars poetica*, mas porque realiza magistralmente aquilo que prescreve. Não é no que diz, mas em *como diz o que diz* que reside sua poesia. É que o poema iconicamente realiza o que aparentemente prescreve. Já as proposições que descrevem essa *ars poetica* — e que se encontram no parágrafo anterior a este —, nada têm de poético.

O poema de Armando Freitas Filho "Caçar em vão" — título que obviamente já representa uma paródia irônica de "Catar feijão" — opõe-se às ideias de Cabral sobre a poesia:

> Às vezes escreve-se a cavalo.
> Arremetendo, com toda a carga.
> Saltando obstáculos ou não.
> Atropelando tudo, passando
> por cima sem puxar o freio —
> a galope — no susto, disparado
> sobre pedras, fora da margem
> feito só de patas, sem cabeça
> nem tempo de ler no pensamento
> o que corre ou o que empaca:
> sem ter a calma e o cálculo
> de quem colhe e cata feijão.[50]

Também esse poema iconicamente realiza o que descreve. São os seus versos que arremetem com toda a carga, saltando obstáculos ou não, atropelando tudo, passando por cima... Aqui também, claramente, não é naquilo que diz, mas em *como* o diz que reside a poesia. Se deixarmos de considerar poemas tanto "Catar feijão" quanto "Caçar em vão" e reduzirmos cada um deles a proposições, é claro que as proposições de um contradirão as do outro: e perderemos a poesia de ambos.

Tomando-os como poemas, porém, podemos apreciar tão bem um quanto o outro: mais ainda, é possível concordar com Cabral, ao ler o seu poema, e com Armando, ao ler o dele; ademais, nada impede que se concorde com um deles e se goste de ambos; ou até que se concorde com um, mas se prefira, enquanto poema, o outro.

Finalmente, um mesmo poema é capaz de se contradizer. Não só isso é possível, como essa contradição pode constituir o próprio motivo do poema. É o que ocorre no seguinte poema de Catulo:

Carmen LXXXV

Odeio e amo. Por que o faço, talvez perguntes?
Não sei, mas sinto ocorrer e me torturo.*

Composto de oito verbos e nenhum nome substantivo ou adjetivo, esse dístico tem sido merecidamente elogiado pela sua compressão e força. Segundo uma afirmação (bastante discutível, diga-se de passagem) de Fénelon, por exemplo, ele se encontra acima da força da poesia de Ovídio e de Martial.[51]

---

* *Odi et amo: quare id faciam, fortasse requiris./ Nescio, sed fieri sentio et excrucior.* (Catulo, *Poiésis*, p. 87.)

"Odeio e amo" não chega a constituir uma contradição formal, mas o fragmento 83 de Anacreonte, em que se supõe que o poema de Catulo se tenha inspirado, sim:

De novo amo e não amo
Estou louco e não estou.*

Lembro que os versos do canto 51 de "Song of myself", de Walt Whitman, dizem:

Contradigo-me?
Pois bem, então me contradigo
(sou vasto, contenho multidões).[52]

Um filósofo não poderia dizer algo assim sem, por isso mesmo, se desqualificar como filósofo. Como não concordar com Montaigne que, tratando da poesia, afirma que "a boa, a excessiva, a divina está acima das regras e da razão"?[53] Entende-se por que Sexto Empírico pensava que

[...] os filósofos autênticos não usam testemunhos poéticos, pois têm argumentos suficientes para convencer: são os que enganam as multidões vulgares que o fazem; pois não é difícil mostrar que, se é verdade que os principais filósofos polemizam, os poetas não somente polemizam, mas cantam por onde quer que lhes der na telha.[54]

Por isso também, "um bom leitor pode alinhar-se no cérebro de Platão", afirmava Emerson, "e pensar a partir dele; mas não no de Shakespeare. Ficamos do lado de fora".[55]

---

* ἐρέω τε δηὖτε κο'υκ ἐρέω καὶ μαίνομαι κο'υ μαίνομαι. (Anacreonte, "Fragmenta", fr. 83.)

14. Os fetiches retóricos

É curioso que, embora, como vimos no capítulo 7, já no século III a.C. Aristóteles tenha denunciado a confusão entre poema e sequência de versos, ainda hoje muita gente a repita. A palavra de Aristóteles que traduzi por "verso" é μέτρον, que literalmente significa "metro". Assim, em tudo o que eu disse anteriormente, a palavra "verso" significa "verso métrico", isto é, escrito segundo determinado esquema métrico.

Tanto o emprego do verso métrico quanto de outros recursos retóricos, como, por exemplo, a rima, já pareceram a muitos (e ainda parecem a alguns) serem não apenas condições necessárias (o que já estaria errado), mas também condições suficientes para a produção de um poema.

Isso, na verdade, significa transformar esses recursos retóricos em fetiches. A palavra "fetiche", como se sabe, vem do francês, *fétiche*, que, por sua vez, vem do português "feitiço". O fetiche, como o feitiço, é um objeto ao qual falsamente se atribuem poderes mágicos. Pode-se dizer que o mundo pré-moderno, tendo fetichizado determinados recursos retóricos, lhes atribuía o poder de produzir poesia.

Isso aconteceu, por exemplo, com a rima. Os poemas gregos e latinos raramente eram rimados. A rima era pouco usada nas línguas antigas, pois a produção de uma rima é, nas línguas declinadas como grego e latim, relativamente trivial. Somente com a decadência da poesia latina, na Idade Média, é que as rimas vieram a ser usadas de modo sistemático, a partir sobretudo dos séculos XI e XII.[56] Quando se passou a escrever poesia lírica nas línguas neolatinas, a rima era um dos recursos retóricos disponíveis. Ora, por ser, nessas línguas não declinadas, um recurso menos trivial do que na língua latina, a rima acabou tendo, na poesia daquelas, uma função muito mais valiosa do que tivera na poesia desta.

No século XVII, na França, o poeta Boileau cuja *Art poétique* havia codificado o bom gosto, no que diz respeito à poesia francesa, decretara que o bom-senso deve sempre estar de acordo com a rima. Eis o trecho correspondente, na tradução do conde da Ericeira, contemporâneo e correspondente de Boileau:

> Seja o assunto ameno, seja ele sublime,
> Ou se trate um assunto heroico, ou brando,
> Nunca a rima ao conceito se adiante,
> Um com outro parece estão pugnando,
> Mas serve como escravo o consoante:
> Para o achar primeiro trabalhando
> Corre um pouco o engenho vacilante,
> Porém nunca a fadiga perpetua,
> Pois logo com o uso se habitua.
> Ao jugo da razão serve obediente,
> Sem cativá-la vem enriquecê-la,
> Mas se ela se descuida negligente,
> O consoante livre se rebela:
> Por tornar a domá-lo diligente
> O sentido em segui-lo se desvela.
> Amai pois a razão, que sempre ilustre
> Dá aos vossos escritos preço, e lustre.[57]*

---

* *Quelque sujet qu'on traite, ou plaisant, ou sublime,/ Que toujours le bon sens s'accorde avec la rime:/ L'un l'autre vainement ils semblent se haïr;/ La rime est une esclave, et ne doit qu'obéir:/ Lorsqu'à la bien chercher d'abord on s'évertue,/ L'esprit à la trouver aisément s'habitue;/ Au joug de la raison sans peine elle fléchit,/ Et, loin de la gêner, la sert et l'enrichit./ Mais lorsqu'on la néglige, elle devient rebelle,/ Et pour la rattraper le sens court après elle./ Aimez donc la raison: que toujours vos écrits/ Empruntent d'elle seule et leur lustre et leur prix.* (Nicolas Boileau-Despréaux, *L'art poétique*, canto I, verso 27ss, p. 42.)

No século XIX, a rima já estava tão associada à poesia, uma vez que a maioria esmagadora dos poemas líricos que se faziam era rimada, que um texto que não fosse escrito em versos métricos e rimados corria o risco de não ser tomado como um verdadeiro poema pelo leitor médio. Por outro lado, qualquer conjunto de versos métricos e rimados costumava ser automaticamente chamado, pelo mesmo leitor médio, de "poema". Dessa maneira, atribuía-se à versificação métrica rimada o poder mágico de produzir poesia. O verso métrico e rimado tornou-se um fetiche.

15. A escrita contra o fetichismo

Deve-se às vanguardas do século XX a desfetichização completa de todos os recursos poéticos. De certo modo, as condições para essa desfetichização já são dadas pelo próprio caráter da poesia escrita.

Com efeito, a escrita põe à disposição do leitor as mais diversas instâncias dos mais diferentes poemas. Com isso, deixa de ser necessário para o apreciador de poesia estar presente à recitação-criação do poema oral, quando o bardo pretendia reiterar a palavra divina. Assim, a escrita proporciona ao leitor a possibilidade de escolher entre inúmeros poemas que contam diferentes mitos, os quais contradizem uns aos outros. Além disso, novos poemas continuam a se lhe tornar acessíveis, dizendo coisas inauditas.

O leitor ideal é potencialmente um crítico. De acordo com a extensão dos seus recursos e hábitos como, por exemplo, das línguas em que seja capaz de ler, do tempo que possa e queira dedicar à leitura de poesia e crítica, das escolas e dos cursos pelos quais tenha passado ou esteja passando, das pessoas com as quais conviva, das bibliotecas e livrarias que frequente, das revistas que folheie, do acesso que tenha à Internet e do uso que faça disso etc., ele descobrirá diferentes poemas, considerá-los-á individualmente, comparará e contrastará uns poemas com outros, discuti-los-á, interpretá-los-á, descobrirá e exporá suas regras de composição, seus méritos e deméritos relativos etc.; finalmente, a partir de critérios tradicionais ou racionais, comuns ou idiossincráticos, cosmopolitas ou provincianos, bem como de recomendações de amigos, professores ou críticos e de ponderações estéticas, éticas, cognitivas, religiosas, étnicas, políticas ou eróticas — ou (por que não?) por motivos pessoais inexplicáveis —, ele escolherá a constelação dos poemas que comporão a sua antologia absolutamente pessoal. Em princípio, está à sua disposição toda a poesia publicada no mundo.

Acabo de falar do leitor de poesia. E o escritor, isto é, o poeta? Bem, em primeiro lugar, o poeta é também um leitor, de modo que tudo o que eu disse sobre este se aplica àquele. Mas se, enquanto leitor, ele pode em princípio ler qualquer poema já publicado, será que, enquanto escritor, dispõe de liberdade equivalente? Em princípio, sim. Idealmente, o poeta pode escolher a língua, o vocabulário, o estilo, as formas etc. em que compõe seus poemas.

Na realidade, é claro que o poeta existe sempre numa situação concreta: seu corpo, sua língua natal, seu país, sua classe social, sua família — e assim por diante — são sempre dados ineludíveis. Cada um desses dados porém — inclusive, cada vez mais, o próprio corpo — pode ser aceito ou rejeitado e (numa extensão que não pode ser prescrita ou determinada antecipadamente) modificado pelo poeta, que, nesse caso, não é diferente de nenhum outro ser humano. Pense-se nos escritores que, tendo abandonado suas línguas maternas, se tornaram alguns dos maiores estilistas das suas línguas adotivas, como Joseph Conrad, que migrou do polonês para o inglês, Vladímir Nabókov, do russo para o inglês, ou Émile Cioran, do romeno para o francês; ou Samuel Beckett, que, sendo irlandês, houve por bem escrever boa parte de sua obra em francês.

Desde a Renascença, a comparação entre as formas antigas e as formas modernas acaba possibilitando a relativização desses dois conjuntos de formas. A famosa *querelle des* *anciens et des modernes*,* surgida na Academia Francesa, no final do século XVII, entre os que defendiam, na literatura, a imitação dos modelos da Antiguidade grega e romana, considerados insuperáveis, e os que propugnavam uma literatura independente dos modelos clássicos foi uma das manifestações desse processo de relativização recíproca.

O resultado é que o conjunto das formas poéticas tradicionais se revelou contingente, isto é, apenas um dos conjuntos possíveis de formas que a poesia é capaz de empregar. Ao se mostrarem contingentes, as formas tradicionais acabaram por aparecer também como acidentais, arbitrárias e convencionais. Isso quer dizer que uma coisa é a poesia e outra coisa são as formas que ela adquire em cada cultura ou época.

Pois bem, o verdadeiro poeta faz questão de ser fiel à poesia propriamente dita, mas não necessariamente às aparências acidentais que ela terá assumido e que a contingência histórica terá posto à disposição dele. O poeta pensa então que, na medida em que as convenções pretendam constituir a essência da poesia, elas estão, na verdade, a obscurecer ou distorcer essa essência. Torna-se, portanto, necessário afastá-las, "arruinando", como diz Blanchot, "as distinções e os limites".[58]

É por isso que o verdadeiro poeta se insubordina não somente contra o fetichismo das convenções poéticas, mas contra o olhar ou a apreensão convencional da poesia. Esse olhar, que é o olhar do falso poeta e do filisteu, pretende ser natural e não convencional, assim como pretende serem naturais tanto as formas convencionais da poesia quanto os lugares em que convencionalmente espera en-

---

* Em português: "Querela dos antigos e dos modernos".

contrá-la, entre as amenidades da vida. Contra essa concepção domesticada da poesia, o verdadeiro poeta se impõe uma tarefa dupla: por um lado, revelar a poesia em estado essencial e selvagem e, por outro, desmantelar as convenções que a elidem ou domesticam. Essa decisão se radicalizou em alguns poetas da virada do século XIX para o XX, quando surgiram as vanguardas.

16. A vanguarda contra o fetichismo

Consideremos, a partir da perspectiva secular que hoje nos é dada, a experiência da vanguarda histórica como um todo. Em primeiro lugar, os poetas vanguardistas revelam — menos com seus manifestos que com seus poemas — novos caminhos positivos para a poesia: o verso livre, por exemplo. Esse é o primeiro aspecto — um aspecto positivo — do seu empreendimento.

Os poetas que integravam esses movimentos conseguiram mostrar novos caminhos quando foram capazes de escrever poemas que, embora dispensando os temas, as noções, as formas e os meios tradicionais da poesia, conseguiram produzir efeitos estéticos equivalentes àqueles que costumavam ser obtidos por poemas que empregavam tais temas, noções, formas e meios. O verso livre, por exemplo, somente se afirma quando surgem poemas em versos livres que nada ficam a dever aos poemas metrificados.

Em segundo lugar, ao produzir poemas que manifestam formas e empregam meios que rompem com os temas, as noções, as formas e os meios tradicionais da poesia, os poetas de vanguarda mostram, de uma vez por todas, o caráter acidental — e não essencial — desses meios, formas e noções tradicionais.

Fazia parte da retórica tanto das vanguardas quanto dos seus inimigos falar de *destruição*, de *morte* e de *fim*: os primeiros se vangloriavam da destruição, morte ou fim do verso, da rima, do tema etc., e os segundos as lamentavam. Independentemente das ambições e das ilusões dos seus protagonistas, o fato é que nada disso realmente desapareceu. Todas as possibilidades formais descobertas continuam disponíveis e são empregadas em algum momento ou lugar. O verdadeiro sentido da vanguarda não foi o fechamento de portas abertas, mas a abertura de portas fechadas; não foi a renúncia, mas a desprovincianização ou cosmopolitização da poesia. Ao mostrar novas possibilidades, o que a vanguarda fez foi relativizar as possibilidades antigas; mas relativizar uma coisa não é destruí-la.

Em terceiro lugar, porém, também os novos meios, formas e noções empregados pela vanguarda são "apenas" outros tantos meios, formas e noções igualmente acidentais e não essenciais à poesia. Os movimentos de vanguarda dão respostas diferentes — e às vezes incompatíveis umas com as outras — à questão da essência da poesia, de modo que as prescrições de cada movimento se chocam com as dos demais. No entanto, hoje somos capazes de admirar poemas produzidos por membros de movimentos antagônicos. O fato de que sejam incompatíveis, por exemplo, as teses da vanguarda surrealista com as teses da vanguarda futurista não nos impede de apreciar tanto poemas "surrealistas" quanto poemas "futuristas". Tampouco impede que possamos também admirar poemas pertencentes à tradição que cada um desses movimentos pretendia suplantar e enterrar de vez.

Se considerarmos, portanto, o efeito que a experiência dos movimentos de vanguarda teve em seu conjunto — sejam quais forem as ilusões que tais movimentos tenham tido sobre si próprios —, devemos dizer que eles nos proporcionaram a expansão da nossa noção de poesia. Sabemos hoje que um poema não precisa, por exemplo, contar uma história, nem ter tema "elevado", nem empregar vocabulário "nobre", nem usar formas tradicionais, nem obedecer a um esquema métrico, nem ser composto de versos, nem ser rimado, nem ser rítmico, nem mesmo — vide a poesia concreta — ser discursivo.

Ou seja, demonstrou-se na prática que não é a obediência a esta ou àquela regra particular, a adoção desta ou daquela forma, a pertinência a este ou àquele gênero que garante a qualidade artística de uma obra de arte. Que diríamos de um poeta ou crítico que hoje decretasse ser poema só aquilo que fosse composto em versos metrificados e rimados? Ou, ao contrário, só aquilo que fosse escrito em versos livres? Ou nada além de sequências de sentenças? Assim, justamente a poesia, que buscava a sua especificidade ao negar tudo o que não lhe era essencial, acabou sendo capaz de negar de si absolutamente toda forma específica, sem com isso deixar de ser poesia.

Em são juízo não se pode, portanto, decretar o que é admissível e o que é inadmissível num poema; nem estabelecer critérios *a priori* pelos quais todos os poemas devam ser julgados. O poeta moderno — e *moderno* aqui quer dizer: *que vive depois que a experiência da vanguarda se cumpriu* — é capaz de empregar as formas que bem entender para fazer os seus poemas, mas não pode deixar de saber que elas constituem apenas algumas das formas possíveis; e o crítico deve reconhecer esse fato. Em suma, não há nenhum conjunto particular de formas cujo emprego seja condição necessária para a produção de um poema.

Isso chamou a atenção também para o fato de que a maioria esmagadora dos textos escritos em versos métricos e rimados não chega sequer a ser poemas, no sentido forte e valorativo da palavra, isto é, não chegam a ser *bons* poemas.

De tudo o que acabo de dizer, pode-se concluir que, de maneira geral, as teses vanguardistas são verdadeiras na medida em que abrem caminhos, e falsas na medida em que os fecham. João Cabral de Melo Neto, por exemplo, julgava inferior a poesia que falasse "de coisas já poéticas", pois acreditava que a poesia devia procurar "elevar o não poético à categoria de poético".

Essas teses se tornaram dogmas entre muitos jovens poetas. O fato é que não são verdadeiras senão pela metade. No caso mencionado, são verdadeiras porquanto afirmam que a poesia não precisa falar de coisas já poéticas; por outro lado, porquanto implicam proibir a poesia de falar de coisas já poéticas, são falsas.

Afinal, o que é uma coisa já poética senão uma coisa de que a poesia já falou ou de que já falou muito? E por que não poderia um poeta fazer excelente poesia ao falar de algo de que muitos outros poetas já tenham falado? Então Goethe não deveria ter escrito a sua obra-prima porque já houvera, antes dele, não sei quantos "Faustos"?

Jamais um grande poeta temeu abordar pela enésima vez um tema poético (Fausto, Ulisses, Orfeu, Narciso, a brevidade da vida, a juventude, a velhice, o sol, a noite, o amor, a saudade, a beleza etc.). Ele o aborda e é capaz de fazê-lo como se ninguém antes o tivesse feito: como se não fosse um tema poético. Só o poeta fraco quer fazer algo tão "novo" que não possa ser comparado com o que os grandes mestres do passado já fizeram. O poeta forte, longe de temer tal comparação, provoca-a.

É claro que, ao afirmar que os poetas fortes não temem tema algum, não tenho a menor intenção de insinuar que Cabral seja um poeta fraco. Cabral não temia coisa alguma:

ele estava apenas, de acordo com o *ethos* vanguardista, proscrevendo aquilo que pensava haver superado.

Ao se opor aos temas poéticos tradicionais, Cabral estava reagindo contra preconceitos arraigados que haviam sido usados para desqualificar sua própria produção poética. Sérgio Buarque de Hollanda relata que Domingos Carvalho da Silva, por exemplo, membro do grupo conhecido como Geração de 45, ao qual o próprio Cabral havia pertencido, "decretara que o bom verso não contém esdrúxulas (apesar de Camões), que a palavra 'fruta' deve ser desterrada da poesia, em favor de 'fruto', e a palavra 'cachorro' igualmente abolida, em proveito de 'cão'; e mais, que o oceano Pacífico (adeus Melville e Gauguin!) não é nada poético, bem ao oposto do que sucede com seu vizinho, o oceano Índico".[59]

Ora, já na primeira estrofe de "Cão sem plumas", João Cabral infringe dois desses tabus:

A cidade é passada pelo rio
como uma rua
é passada por um cachorro;
uma fruta
por uma espada.[60]

É importante o reconhecimento de que a poesia e o poético jamais existiram *prêt-à-porter*, à disposição do poeta, no acervo das formas tradicionais. Revela-se assim que o domínio de tais meios, formas e noções jamais poderia chegar a constituir condição *suficiente* para a produção de bons poemas. Aristóteles, aliás, já sabia disso, pois embora, como vimos, não considerasse Empédocles poeta, mas filósofo da natureza, não deixava de reconhecer que ele era "poderoso em dicção, usando metáforas e outros recursos poéticos".[61]

Observe-se que, segundo a descrição que acabo de fazer da experiência da vanguarda, o seu feito principal não foi de natureza propriamente estética ou artística, mas de natureza puramente cognitiva e, mais precisamente, conceitual: simplesmente não há — jamais houve — condição necessária ou suficiente para a produção de um poema. Em outras palavras, não é que, a partir dessa experiência, a poesia tenha ficado melhor do que era, mas que, sobre ela, aprendeu-se alguma coisa que não se sabia antes. Trata-se de um aprendizado, de um descortinamento, de um progresso cognitivo, após o qual, por um lado, se conhece algo fundamental (ainda que negativo) sobre a natureza da arte e, por outro, sabe-se que, antes desse aprendizado, isso, que agora se conhece, jamais havia sido adequadamente conhecido. *Sicut lux seipsam et tenebras manifestat, sic veritas norma sui et falsi est*, diz, com razão, Spinoza: "Assim como a luz manifesta a si mesma e manifesta as trevas, assim a verdade é norma de si e do falso".[62]

A diferença entre o feito artístico e o feito puramente conceitual de uma obra de arte pode ser ilustrada pelo poema "Marine", das *Illuminations*, escrito no final do século XIX pelo poeta francês Arthur Rimbaud. O poema diz, na tradução da escritora portuguesa Maria Gabriela Llansol:

Marinha

Os carros de prata e de cobre —
As proas d'aço e de prata —
Dão na espuma —,
Arrancam as raízes das silvas,
As correntes da charneca,
E os sulcos imensos do refluxo
Correm circularmente para leste,
Em direção dos pilares da floresta —,

Diretos aos fustes do quebra-mar,
Cuja esquina é batida por
Turbilhões de luz.[63]*

Além de ser um belo poema, "Marine" é geralmente tido — junto com "Mouvement", poema do mesmo livro — como o primeiro poema em verso livre da língua francesa. O fato de ter sido escrito em verso livre é, por um lado, uma opção artística ou estética interna ao poema. Uma apreciação crítica do poema pode tentar explicar essa opção a partir de considerações estruturais ou contextuais e é capaz até de fazer juízos de valor a seu respeito, tendo em vista o poema como um todo, ou o seu tema, ou a sua função no livro de que faz parte etc.

Entretanto, por outro lado, desde que "Marine" seja efetivamente classificado como um poema, o simples fato de ter sido escrito em verso livre — de modo que tenha vindo a ser o primeiro poema francês escrito em verso livre — possui um efeito conceitual puro, independente de qualquer outra consideração que se possa fazer sobre ele enquanto obra de arte. É que, por sua mera existência, ele demonstrou que a métrica não é necessária para produzir um poema em francês. Essa demonstração tem um valor cognitivo — e, portanto, histórico — imenso. Graças a esse feito puramente conceitual, ainda que seja discutível se "Marine" constitui um dos maiores poemas de Rimbaud (do ponto de vista estético), é indiscutível que se trata de uma de suas obras mais importantes (do ponto de vista cognitivo).

---

* *Les chars d'argent et de cuivre —/ Les proues d'acier et d'argent —/ Battent l'écume, —/ Soulèvent les souches des ronces./ Les courants de la lande,/ Et les ornières immenses du reflux/ Filent circulairement vers l'est,/ Vers les piliers de la forêt, —/ Vers les fûts de la jetée,/ Dont l'angle est heurté par des tourbillons de lumière.*

Observe-se também que o fato de que as vanguardas acabaram não significa que não continue a existir — ou que não tenha o direito de continuar a existir ou que não possa ser boa — a poesia experimental, isto é, a poesia que faz experiências com novas linguagens, formas, técnicas, materiais etc. O experimentalismo continua a existir, embora seja apenas uma das possibilidades da poesia. Ele não é mais "vanguarda", pois não está mais a abrir caminho para a nossa compreensão da poesia, mas apenas explorando caminhos formais alternativos. Enquanto poeta algum pode ignorar o feito cognitivo da vanguarda histórica, é apenas por uma questão de gosto que alguém toma ou deixa de tomar conhecimento da arte experimental de hoje.

17. A questão do novo

Já observamos (capítulo 5) que o valor de uma obra de filosofia enquanto filosofia depende em grande medida da originalidade, isto é, da novidade das teses filosóficas que ela afirma.

A partir do final do século XIX, difundiu-se, também no que diz respeito à poesia, a tese de que a novidade era uma das maiores — senão a maior — qualidade que esta podia ostentar. "Peçamos ao poeta novidade", diz Rimbaud.[*] "Faça-o novo", diz Pound.[**] "O poeta é aquele que inventa novas alegrias, ainda que difíceis de suportar", diz Apollinaire.[***] Sendo uma tautologia que todo poema novo é novo, supõe-se habitualmente que a exigência de novidade diz respeito à forma do poema. É ela que se tem como portadora de inovações. Creio que a vontade de pensar que a excelência de um poema seja função de sua novidade provém, em primeiro lugar, da natureza mesma das vanguardas do século XX.

O "novo" foi uma categoria importante para a vanguarda porque o feito da vanguarda enquanto vanguarda foi, como já foi dito (capítulo 16), um feito cognitivo. Sua importância estava em revelar algo sobre a natureza da poesia. Ora, revelar algo que todo mundo já soubesse não teria sido revelar coisa alguma. Uma revelação é tanto maior quanto mais nova for, quanto mais contrária for ao que é

---

[*] "*Demandons aux poètes du nouveau*". (Arthur Rimbaud, "Lettre à Paul Demeny". In: *Œuvres poétiques complètes*, p. 188.)

[**] "*Make it new!*" (Ezra Pound, *Make it New.*)

[***] "*Le poète est celui qui découvre de nouvelles joies, fussent-elles pénibles à supporter*". (Guillaume Apollinaire, "L'esprit nouveau et les poètes", 1917.)

sabido. Daí o culto à novidade. Contudo, a novidade não é, de modo algum, uma propriedade estética; do contrário, um poema bom ficaria ruim à medida que passasse a sua novidade. Como já observei antes, somente quando se trata de determinar o valor dos textos nos quais aquilo que dizem não se confunde com a maneira como o dizem é que a novidade é uma variável importante, e tal não é o caso dos poemas.

Outra razão pela qual se exalta a novidade é a angústia provocada pela experiência da impossibilidade de provar cientificamente que determinada coisa é, do ponto de vista estético, superior a outra. Em pleno século XXI, parece às vezes inaceitável a pessoas que se suponham inteligentes e sensíveis o fato de não serem capazes de provar por a + b que o juízo estético de um imbecil não passa do juízo estético de um imbecil. Por isso, ignorando tanto a lição da *Ética a Nicômaco*, de Aristóteles,[64] de que o homem de cultura — πεπαιδευμένου — é o que sabe, em cada gênero, buscar o grau de precisão permitido pela natureza do assunto, quanto a de Kant,[65] de que o juízo estético, sendo um universal sem conceito, não é demonstrável, buscam-se critérios objetivos, e, de preferência, quantitativos, para a avaliação das obras de arte. Ora, o grau de novidade formal de uma obra se afigura mais calculável em princípio do que a interação imponderável e indemonstrável de fatores — que parece inteiramente irracional (e o é, em sentido análogo àquele em que se diz que um número é irracional) — que realmente faz com que ela seja ou não seja boa. Se o valor de uma obra de arte fosse função da sua novidade, talvez se pudesse superar essa irracionalidade através de algum tipo extremamente refinado de teoria da informação. Era, de modos diferentes e em diferentes graus, a pretensão de

Birkhoff, de Max Bense e de Abraham Moles, por exemplo, para quem a informação estética crescia na razão inversa da informação semântica.

Certo flerte com a cientificidade se manifesta claramente em Pound:

> Poderíamos presumivelmente aplicar ao estudo da literatura um pouco do senso comum que correntemente aplicamos à física ou à biologia. Na poesia há, claramente marcados, procedimentos simples e há descobertas reconhecidas. Como eu já disse em vários pontos dos meus volumes desorganizados e fragmentários: em cada época um ou dois homens de gênio descobrem algo e o exprimem. Pode estar apenas em uma linha ou duas, ou em alguma qualidade de uma cadência; e, em seguida, duas dúzias ou duzentos, ou dois ou mais milhares de seguidores o repetem e diluem e modificam.[66]

Se fosse assim, isto é, se os poemas tivessem valor na medida em que descobrissem novos caminhos para a poesia, que aconteceria quando passasse a novidade desses novos caminhos? Por que é que um poema continua sendo bom, mesmo depois que mil poemas posteriores já trilharam os caminhos que ele um dia apontou? Será porque sabemos que ele foi o primeiro? Mas pensar desse modo seria degradar a apreciação estética a uma apreciação histórica. Se fosse assim, só se leria Dante, por exemplo, por interesse histórico, por respeito ao fato de ele ter sido inovador no seu tempo, mais ou menos como se pode ler Copérnico hoje. Ora, o fato é que o meu prazer em ler Dante não depende em nada de saber que ele inovou em alguma coisa. Mesmo um leitor que ignore que Dante tenha sido inovador é capaz de obter um prazer estético vivo, atual, e não histórico, da leitura da *Divina commedia*. E é essa propriedade que distingue a grande literatura. Na verdade, Isócrates já tinha, na Grécia antiga, resolvido a questão da novidade, quando afirmava que, nas artes da palavra, são dignos de admiração e honra não os primeiros a fazer alguma coisa, mas os melhores, e se devem honrar não os que tentam fazer o que ninguém antes fez mas os que são capazes de fazer o que ninguém mais consegue.[67] Em última análise, o importante não é fazer o novo, mas fazer aquilo que não envelhece.

Entretanto, a verdade é que há um famoso lema de Pound que também diz o que estou a afirmar. Refiro-me a "A literatura é notícia [ou novidade] que permanece notícia [ou novidade]",* que ele exemplifica observando que não consegue esgotar o interesse que tem pelo Ta Hio de Confúcio e pelos poemas homéricos. Curiosamente, talvez em consequência do parentesco *new*/*news*, muitos dos seus seguidores não parecem perceber que a concepção de poesia que aqui se manifesta é completamente diferente da que aconselha os poetas a *"make it new"*.

O fato é que os poemas pretendem permanecer vivos, mesmo quando já morreram o seu autor e o país em que ele viveu, e mesmo quando já deixou de ser falada (embora continue a ser lida) a língua em que foram feitos.

---

* *"Literature is news that stays news"*. (Ezra Pound, *The ABC of Reading*, p. 28.)

18. A poesia e o grau de escritura

Um poema existe quando consiste num discurso reiterável. Na cultura oral primária, isto é, que não conhece a escrita, um discurso é reiterável quando memorizado. Na cultura escrita, ele é reiterável, logo existe, quando memorizado ou quando escrito. Hoje em dia, ele é reiterável, logo existe, quando memorizado, escrito ou gravado em alguma outra mídia.

Abstraindo dos meios contemporâneos de gravação de voz (que funcionam como a escrita), tomemos o discurso oral como exemplo do discurso irreiterável, e o discurso escrito como exemplo do discurso reiterável. As seguintes características distinguem um do outro:

a. Enquanto o discurso oral é efêmero e desaparece quando o falante acaba de falar, o discurso escrito tem uma permanência indefinida: ele existe objetivamente no papel e na tinta ou em inúmeros outros suportes materiais.

b. Enquanto o discurso oral é fluido e aberto, isto é, está sempre em movimento, como a vida, e sujeito a mudar a todo instante, o discurso escrito é fixo e fechado, e não está sujeito a mudança.

c. Enquanto o discurso oral se realiza ou se concretiza plenamente ao ser falado por uma pessoa e/ou simultaneamente escutado por outra, o discurso escrito se realiza ou concretiza plenamente ao ser lido (seja em voz alta seja em silêncio).[68] Quando se encontra apenas no papel, o discurso não existe senão virtualmente — assim como uma palavra que ninguém pense, diga, escute ou leia, mas que se encontra no dicionário existe virtualmente — porém não em ato.

Examinemos (a) a permanência indefinida do discurso escrito. Se todo escrito tem essa característica, não a tem na mesma medida. Por exemplo, há alguns anos comecei a escrever poemas diretamente no computador. Escrevo um primeiro rascunho e imediatamente começo a avaliá-lo e corrigi-lo. Logo sinto necessidade de ler no papel o que estou escrevendo. É estranho: parece que o papel me revela erros e possibilidades que, por alguma razão, eu não conseguia perceber na tela. Assim que leio o esboço, faço várias correções, supressões e adições à caneta e, em seguida, passo essas correções para o computador. Aí se reinicia o processo: mudo mais algumas coisas, quero ver como ficam no papel etc. Até dar por pronto um poema, já gastei dez, vinte, trinta folhas de papel. Ora, havia coisas escritas nelas; no entanto, nenhuma folha durou mais de alguns minutos antes de tomar o caminho do lixo. Que significa isso? Que sua permanência não foi muito maior que a de uma fala.

Na verdade, a maior parte dos escritos é feita para não permanecer. Os rascunhos, os e-mails, os memorandos, os torpedos, os bilhetinhos, as páginas das agendas, por exemplo; também os relatórios, os projetos etc. É assim quase tudo o que se escreve e não se publica. Mas é também assim quase tudo o que se publica. Os jornais são guardados nas bibliotecas e nos arquivos, mas quem os lê? Quem lê os diários oficiais de trinta anos atrás? Talvez, de cinquenta em cinquenta anos, um historiador. Um texto que não é lido não existe plenamente. Se não for lido nunca, é como se estivesse morto. Pois bem, esse é o destino não somente dos periódicos, mas, de modo ainda mais inexorável, de 99,9 por cento dos livros. Numa conferência sobre poesia,

Borges cita a descrição que Emerson faz de uma biblioteca como

> [...] um gabinete mágico em que há muitos espíritos enfeitiçados. Despertam quando os chamamos: enquanto não abrimos um livro, esse livro, literalmente, geometricamente, é um volume, uma coisa entre as coisas. Quando o abrimos, quando o livro dá com seu leitor, ocorre o fato estético.[69]

Retenhamos do que acabo de dizer que, no que diz respeito à primeira característica do discurso escrito, que é a da permanência, entra em jogo a sua terceira característica, que é a de se concretizar ao ser lido. A mera permanência física de um livro está longe de significar a permanência plena ou concreta do seu texto.

Já (b) a qualidade de ser fixo e fechado parece, à primeira vista, ser compartilhada igualmente por todos os textos, enquanto duram. Na verdade, porém, não é bem assim. Falei antes dos rascunhos dos meus poemas, considerando cada um deles como um texto que não permaneceu. Mas é possível ver as coisas de outra maneira. Posso considerar os rascunhos de um poema como as transformações pelas quais ele passou antes de ficar pronto. Se fotografássemos cada uma dessas transformações, fizéssemos slides dos fotogramas, colássemos uns nos outros como numa fita de cinema e puséssemos essa fita num projetor, creio que veríamos o poema se mexendo como um desenho animado. Ele nos pareceria, então, fluido como uma fala; e, caso se tratasse de um poema ainda não terminado, de modo que eu continuasse a adicionar fotogramas a essa fita, ele nos pareceria também aberto como uma fala. Há uma maneira mais simples de se obter o mesmo efeito: existem programas (que são muito usados, por patrões tirânicos, para controlar o que seus funcionários fazem com os computadores da firma) que gravam todos os movimentos dos teclados e do *mouse* de um computador. Se usássemos um programa desses enquanto estou escrevendo um poema, poderíamos, depois, ver o texto se movendo na tela do computador, feito de luz, fluido.

Alguns dos textos que dizem coisas de caráter prático ou mesmo cognitivo, tais como os textos técnicos e científicos, são mais ou menos assim, abertos e fluidos, a menos que deixem de se concretizar, isto é, a menos que caiam no esquecimento e morram. Por exemplo, um dicionário, como o *Aurélio*, está vivo porque tem uma edição alterada atrás da outra. Assim são também as enciclopédias, como a *Britannica* ou a *Barsa*, se não quiserem caducar. Assim são os tratados de física ou química ou direito ou economia etc. É necessário que esses textos sejam fluidos porque, uma vez que há uma diferença entre aquilo que dizem e a maneira como o dizem, e o que neles interessa a quem os lê é aquilo que dizem, eles podem sempre ser substituídos por outros textos que, tão bem ou melhor do que eles, digam as mesmas coisas.

Outra característica de tais textos, relacionada com essa, é que importa saber se o que dizem é verdadeiro ou falso. Aqui é necessário explicar que *neste ponto*, quando falo de "verdade", entendo essa palavra no sentido mais tradicional e mais convencional, como na definição do filósofo Tomás de Aquino que, nesse ponto, como em muitos outros, seguia Aristóteles: "A verdade é a adequação do intelecto e da coisa".[70]

De fato, tais textos pretendem dizer verdades ou falsidades. Ora, se de repente se descobre que um livro de história contém proposições falsas, ele perde ao menos parte do seu valor. O mesmo pode ser dito de documentos históricos. Um exemplo interessante é o documento — que tinha imenso valor na Idade Média — chamado *Constantini Donatio*, isto é, a "Doação de Constantino", que consistiria na concessão que o imperador Constantino, o Grande, teria feito, ao papa Silvestre I e a seus sucessores, de supremacia espiritual sobre todos os demais patriarcas, em questão de fé, e de domínio temporal sobre Roma e toda a Europa Ocidental. A partir do século XI, os papas fizeram uso constante desse documento para impor sua autoridade na Europa, até que, em 1440, o seu caráter apócrifo foi provado pelo humanista Lorenzo Valla. Hoje, esse documento não tem mais valor ou prestígio algum, pouca gente o lê, e ele só é mencionado por curiosidade, por se tratar da mais famosa contrafação da história: é o que acabo de fazer.

Não se dá a mesma coisa no que diz respeito aos textos filosóficos. Podemos ler com proveito um texto filosófico, ainda que discordemos dele e pensemos que não diz a verdade, no sentido acima definido. É que o texto de um pensador profundo nos obriga a pensar mais profundamente sobre os assuntos de que fala.

Heidegger afirma que, por sua essência, a filosofia não torna as coisas mais fáceis, mas mais difíceis.[71] A palavra alemã que traduzo por "mais difíceis" é "*schwerer*", que tem o sentido de "mais pesadas". Heidegger quer dizer que a filosofia deve pesar as coisas, ponderá-las, dar-lhes o devido peso. Isso significa tornar as coisas mais complexas. De fato, o que a filosofia faz não é simplificar as coisas, mas complicá-las. Enquanto simplificar um pensamento é empobrecê-lo, complicar um pensamento é torná-lo ou revelá-lo como mais complexo, mais diferenciado, mais rico do que parecia ser. Tal é, de fato, um dos mais importantes benefícios que se podem auferir de uma filosofia.

É por isso que podemos ler com proveito um filósofo que pensa o oposto daquilo que pensamos, daquilo que acreditamos pensar, ou daquilo que queremos inicialmente pensar. Às vezes, são exatamente os filósofos com os quais não concordamos que melhor nos ensinam a pensar. Mesmo que jamais concordemos, por exemplo, com muitas das teses manifestamente defendidas por Platão ou por Heidegger, a leitura desses filósofos nos ensina a refletir e especular com mais profundidade e consistência.

No entanto, também no que diz respeito aos textos filosóficos, há diferença entre o que dizem e a maneira como o dizem, de modo que é possível que eles sejam substituídos por outros textos que, tão bem ou melhor que eles, digam as mesmas coisas. Assim, o próprio Heidegger afirma, por exemplo, sobre Descartes, que

> [...] a consciência histórica da questão autêntica deve esforçar-se por pensar o sentido que Descartes mesmo tencionou para suas proposições e conceitos, mesmo quando para tanto se torne necessário traduzir os enunciados dele mesmo para outra língua.[72]

Kant, por sua vez, afirmava não ser nada incomum,

> [...] tanto na linguagem comum quanto na escrita, através da comparação dos pensamentos que um autor exprime sobre seu objeto, entendê-lo até melhor do que ele mesmo se entendeu, na medida em que não determinou o suficiente seu conceito e, com isso, ocasionalmente falou, ou mesmo pensou, contra sua própria intenção.[73]

Fichte se inspira em considerações kantianas como essa para explicar o que toma como o verdadeiro espírito, às vezes contra a letra, da obra do próprio Kant.

Não se pode dizer o mesmo dos textos artísticos ou literários, cujo valor não depende de serem verdadeiros ou falsos, pois que pertencem antes à ordem dos monumentos que à dos documentos, dos objetos da língua que dos atos de fala. Assim são os poemas. É por isso que as Musas de um dos primeiros poetas da tradição ocidental, Hesíodo, se orgulham de saber "dizer muitas mentiras parecidas com a verdade".[74]

Pois bem, dentre os textos literários, que já são os mais escritos dos escritos, os mais escritos são os poemas. Por quê? Porque não é possível pôr de um lado os significados de um poema e, de outro, os seus significantes. O que dizem e o modo como o dizem estão inextricavelmente ligados. Por isso não se pode dizer em outras palavras o significado de um poema. Ao contrário do que ocorre com proposições filosóficas, que podem ser afirmadas de diferentes modos, o que um poema diz não pode ser captado por nenhuma paráfrase.

No máximo, podemos dizer que um poema tem tal ou qual tema. Mas isso não é dizer o que um poema significa: pois o que é um tema? O poeta Nelson Ascher o diz com muito humor, no prefácio ao seu livro *Poesia alheia*:

Desde o dia remoto em que surgiu a poesia, a maior parte dos poemas (bons ou ruins) aborda a mesma meia dúzia de temas banais de sempre e os desenvolve de acordo com algumas poucas variações igualmente repetidas há séculos e séculos. O que os poetas costumam "dizer" é, em linhas gerais, o seguinte: "você é jovem e linda (ou lindo) e eu te amo" ou "você é velha (ou velho) e feia (ou feio) e eu não te amo"; "meu filho (ou filha) ou pai (ou mãe) é uma maravilha ou uma desgraça"; "o gato (ou cachorro, cavalo, leão, tigre etc.) é misterioso e arisco (ou fiel, veloz, altivo, feroz etc.)"; "a vida (que pode ou não ser um sonho) é boa e breve e tenho medo de morrer" ou "a vida é ruim e longa e estou cansado dela"; "minha aldeia (ou cidade ou região ou país) é a mais adorável que existe e sinto falta dela" ou "é detestável e quero ir embora e nunca mais vê-la"; "Javé ou Zeus ou Alá é bom e devemos respeitá-lo ou é cruel e nos maltrata ou simplesmente não existe"; "como nosso rei ou líder ou governante é competente, honesto, justo e bondoso" ou "incompetente, corrupto, despótico e sádico"; "não há nada melhor (ou pior) do que a guerra"; "tudo muda no mundo" ou "não há nada de novo sob o sol". Poemas mais longos e/ou complexos habitualmente combinam e recombinam de modos variados esses chavões para chegar a outros maiores como: "você é linda e eu te amo, mas é arisca que nem um gato e não me ama; por causa disso minha vida parece-me ruim e longa e eu, que sou altivo como um leão, deixando a minha aldeia, que é a mais adorável, vou para a guerra, pois não há nada melhor do que ela; lembre-se, porém, que você logo será velha e feia e ninguém mais há de te amar".[75]

Se juntarmos a primeira e a última partes do tema composto imaginado por Nelson, teremos "você é linda e eu te amo, mas logo será velha e feia e ninguém mais há de te amar", que é um exemplo do motivo poético do *carpe diem*, sobre o qual falamos no capítulo 5 deste livro.

19. A intraduzibilidade da poesia

É também porque não pode ser parafraseado que, a rigor, o poema não pode ser traduzido. Entretanto, mal faço essa afirmação e sou obrigado a qualificá-la. Em primeiro lugar, é claro que é possível traduzir-se literalmente a maior parte dos poemas. Aqui mesmo já citei inúmeras traduções de poemas. Contudo, a verdade é que, em muitos casos, a tradução literal fica longe do poema original, de modo que se aplica a famosa tirada do poeta norte-americano Robert Frost, segundo a qual "a poesia é o que se perde na tradução". Há casos, porém, em que a tradução literal pode aproximar-se bastante do original. De todo modo, ela é capaz de ser um instrumento muito útil para quem quer ler o poema na língua em que foi escrito, porém não a domina completamente. Por isso, cito sempre, em nota de pé de página, o poema na língua original.

Mas, além disso, há quem não se limite às traduções literais: há quem busque exprimir na língua alvo precisamente "o que se perde na tradução". É que, mesmo que não se possa dizer em outra língua exatamente o que um bom poema diz — e o bom tradutor é quem melhor sabe disso —, é também impossível e indesejável deixar de tentar fazê-lo. Assim, Haroldo de Campos, reconhecendo a impossibilidade literal da tradução, cita o tradutor Paulo Rónai, que, ao se perguntar retoricamente se o objetivo de toda arte não é algo impossível, observa que "o poeta exprime (ou quer exprimir) o inexprimível, o pintor reproduz o irreprodutível, o estatuário fixa o infixável. Não é surpreendente, pois, que o tradutor se empenhe em traduzir o intraduzível".[76]

Penso que se deve entender isso da seguinte maneira: os poemas não são traduzíveis no sentido em que são traduzíveis os não poemas.* Por preocupação de brevidade e clareza expositiva, os exemplos que aduzo são bastante extremos.

Se um americano pergunta "*is it raining?*" a um amigo meu que não sabe inglês e eu traduzo essas palavras como "está chovendo?", terei feito uma tradução perfeita. Por quê? Porque terei sem dúvida feito meu amigo entender perfeitamente, sem nenhuma perda digna de observação, a pergunta do americano. O mesmo não se pode dizer de nenhuma tradução de um poema como o famoso "Mattina", de Ungaretti. Ei-lo:

Mattina

M'illumino
d'immenso[77]

Em virtude da proximidade entre a língua portuguesa e a italiana, poder-se-ia, à primeira vista, supor que o problema da tradução desse poema fosse relativamente fácil. A tradução de Sérgio Wax é:

Manhã

Ilumino-me
de imenso

Não é minha intenção criticar essa — ou qualquer outra — tradução. Ao contrário, penso que se trata de uma tradução competente. O que pretendo mostrar é que nenhuma

---

* Como já observei (capítulo 7), sou obrigado a empregar a expressão *não poema* porque não existe, nem em português, nem em nenhuma outra língua que eu conheça, antônimo à palavra *poema*, e não me agrada usar a palavra *prosa* senão como antônima de *verso*.

tradução desse poema seria perfeita, no sentido em que é perfeita a tradução da frase não poética que citei acima. Na verdade, dada a semelhança morfológica, fonética e semântica entre os vocábulos italianos *me*, *illumino*, *di* e *immenso*, e os portugueses *me*, *ilumino*, *de* e *imenso*, seria uma temeridade dispensar essas palavras na tradução. Assim, creio que a única alternativa concebível à tradução de Wax seria:

Manhã

Me ilumino
De imenso

Ora, parece-me que uma e outra têm vantagens e desvantagens que, no cômputo final, se compensam. A segunda tem a vantagem de manter, no primeiro verso, a ordem proclítica original; entretanto, no início de uma sentença, essa ordem, comum no português falado brasileiro, não é usada em Portugal e, mesmo no Brasil, é evitada na escrita. Embora possa perfeitamente ser usada num poema, essa peculiaridade — que será sempre, ainda que subluminarmente, lembrada pelo leitor brasileiro ou português — já traz à baila uma questão ou um ruído gramatical que, por ser inexistente no original, é levemente prejudicial à pura apreciação do poema. A primeira versão, por outro lado, ao empregar a forma enclítica dos puristas, contrasta com o original italiano e, ao fazê-lo, acaba também por trazer à mente a mesma questão, produzindo o mesmo ruído prejudicial.

Mas é do ponto de vista prosódico que os problemas são maiores. O principal é que a palavra italiana *illumino* é proparoxítona, enquanto a portuguesa *ilumino*, paroxítona. Acentua-se, portanto, o *u* de *illumino*, de modo que o primeiro verso é pronunciado como *M'illúmino*. Isso é ressaltado pelo fato de que o ele duplo italiano é, de fato, pronunciado como dois eles, de modo que o *u*, acentuado, como que irrompe através das consoantes líquidas: *M'il-lúmino*. É o *u* de *lumen*, *luce*, *lux*, *luz* que súbito se faz presente e epifânico. Em português, evidentemente, perde-se tanto o efeito da irrupção, dada a falta do ele duplo, quanto a sonoridade e as lúcidas associações sugeridas pelo *u* velar, substituído pelo *i* palatal.

As diferenças rítmicas também são consideráveis. O primeiro verso do original é de um pé: trata-se de um peônio segundo (isto é, de um verso composto de uma sílaba átona seguida por uma tônica, seguida por duas átonas); mas a separação biconsonontal entre a primeira vogal e a segunda faz *lúmino* soar como um dactílico (uma sílaba tônica seguida por duas átonas) em que a primeira sílaba, acentuada, tem o mesmo peso das duas últimas, átonas.

Em português, *Ilumino-me* tem ao menos dois pés: ou se trata de um anapéstico (duas sílabas átonas seguidas por uma sílaba tônica) seguido de um pirríquio (duas sílabas átonas) ou de um pirríquio seguido de um dactílico (melhor). Já *Me ilumino* pode ser considerado um peônio terceiro (duas sílabas átonas, seguidas por uma sílaba tônica, seguida por uma sílaba átona). De todo modo, nenhuma das duas soluções corresponde ao ritmo italiano.

Finalmente, também o eme duplo de *immenso* é efetivamente pronunciado como dois emes, ao contrário do eme da palavra portuguesa *imenso*. Assim, *d'im-menso* ecoa, de certo modo, *M'il-lúmino*; entretanto, ao contrário do *u* fechado e velar, o *e* semiaberto e palatal de *d'immenso*, que consiste ademais num pé que, sendo anfíbráquico (uma sílaba breve seguida de uma sílaba tônica, seguida de uma breve), soando mais arredondado e equilibrado que o peão segundo de *M'illumino*, sugere uma consumação repousante da epifania matinal — epifania da imanência — anunciada pelo verso *M'illumino*.

O poema fala do poeta ou de si mesmo? Não há nele alternativa excludente. Ao contrário: a natureza do homem que fala se confunde com a do poema, e é de ambos que se trata. Repousamos em *d'immenso*. Ora, a palavra *immenso* chama a atenção para o fato de que o poema (e pensamos também no homem) é pequenino. Imenso é o que o poema (o que o homem) não é mas vê, como a página branca e a manhã em volta do poema; imenso é também o que o poema (o que o homem) não é nem vê; imenso é tudo que o cerca, o mundo inteiro de que ele se ilumina: *d'immenso*: e de que se deixa assim iluminar, e que, sendo iluminado, ilumina de volta, de imenso que é: *d'immenso*. Como imenso, se diminuto? Por conter em si o que o contém e iluminar a imensidão que o ilumina:

Mattina

M'illumino
d'immenso

De todo modo, o que me interessa mostrar é que, mesmo entre línguas aparentadas como o italiano e o português, um poema literalmente traduzível por palavras da língua-alvo quase idênticas às da língua-fonte acaba por revelar a uma leitura atenta exatamente o que significa a intraduzibilidade da poesia. A tradução de "*is it raining?*" por "está chovendo?" cumpre perfeitamente a função pragmática da pergunta original, mas nenhuma tradução concebível do poema de Ungaretti cumpriria a função estética do poema original.

Contudo, na linha do pensamento de Paulo Rónai, parece-me ser precisamente a impossibilidade de se realizar a explicação ou a paráfrase perfeita de um poema que provoca — na medida mesmo em que esse poema parece aproximar-se da perfeição — uma multiplicidade de tentativas de explicá-lo ou parafraseá-lo: ora, a tradução é uma espécie de paráfrase. Creio que a seguinte consideração prova o que digo. As dificuldades da tradução portuguesa do poema de Ungaretti são ínfimas, se considerarmos as dificuldades de traduzi-lo para um idioma foneticamente antitético ao italiano, como o alemão. Assim, o poeta austríaco C. W. Aigner, tradutor de Ungaretti, declara ter renunciado a traduzir *Mattina*, pois "em qualquer tradução para o alemão de uma estrutura tão comprimida, tão fortemente alimentada pelas vogais e pelo ritmo de sua língua, não sobra muito mais do que uma asserção".[78] Ele deve ter razão, mas o fato é que, sem dúvida, exatamente essa impossibilidade fez com que poetas como Paul Celan, Ingeborg Bachmann, Hilde Domin e Michael Marschall von Bieberstein tenham tentado traduzir justo esse poema.

Haroldo de Campos prefere o termo "transcriação" a "tradução". O que a transcriação faz, segundo ele, é produzir

> [...] em outra língua, uma outra informação estética, autônoma, mas ambas estarão ligadas entre si por uma relação de isomorfia: serão diferentes enquanto linguagem, mas, como os corpos isomorfos, cristalizar-se-ão dentro de um mesmo sistema.[79]

Pode-se entender isso como a significar que os bons tradutores de poesia não se limitam à literalidade, mas tentam reproduzir na língua-alvo, na medida do possível, efeitos análogos aos que o poema possui na língua-fonte, o que é verdade. Mas há algo mais importante. Não se deve ignorar o caráter negativo da renúncia ao termo *tradução*. *Transcriação* não constitui uma alternativa meramente verbal ao termo traduzir. Ao empregar essa noção, Haroldo de Campos não queria dizer que, tomando-se certos cuidados, é possível traduzir poesia como se traduz não poesia. Ele prefere a palavra *transcriação* porque sabe perfeitamente que não é possível traduzir poesia. Não que ele considere a transcriação — cujo nome contém a palavra criação — como atividade menor do que a tradução: ao contrário; mas ela é outra coisa, justamente porque inclui o reconhecimento da impossibilidade da tradução. Esse reconhecimento constitui antes um estímulo do que um desestímulo, porque "os poetas traduzem", como observa Hugh Kenner,[80] tendo Pound em vista, "para introduzir na língua algo que não estava lá antes, alguma nova possibilidade". A transcriação significa, assim, a criação de um poema isomorfo, na medida do possível, a um poema escrito em outra língua, criação ambicionada exatamente a partir da compreensão da intraduzibilidade própria a esse poema enquanto poema.

20. Os poetas e as musas

É comum o pressuposto de que tanto a consideração puramente estética da obra de arte quanto a autonomia da arte são fenômenos exclusivamente modernos. A verdade, porém, é que, paradoxalmente, já se manifestam modalidades de ambas entre os primeiros poetas gregos cujas obras chegaram até nós.

Como se sabe, os poetas arcaicos se consideravam inspirados pelas Musas, deusas que eles descreviam como filhas de outra divindade, a Memória. Normalmente, essa filiação é interpretada de duas maneiras. Por um lado, supõe-se que ela simbolize o fato de que os poemas preservavam a memória dos feitos originários da comunidade. Assim, o sentido da "Ilíada", de Homero, teria sido manter a memória da Guerra de Troia.

Essa interpretação, porém, é desmentida pelo fato de que a "Odisseia", por exemplo, nada tem a ver com fatos históricos. Ademais, como foi mencionado no capítulo 18, Hesíodo, outro poeta arcaico, fazia suas Musas se gabarem de dizer "muitas mentiras parecidas com a verdade": o que dificilmente fariam, se pretendessem ser as guardiãs da memória do passado.

A outra interpretação se apoia no fato de que a poesia arcaica não era escrita, mas oral. Ela supõe que os poetas recitassem os poemas tradicionais que tivessem memorizado. A deusa Memória simbolizaria a memorização.

Entretanto, o estudo da poesia oral moderna mostrou que, ao recitar os poemas, os poetas orais primários não os repetem palavra por palavra, mas de modo criativo, num processo denominado "*composition in performance*" (mais ou menos "composição durante a apresentação"), no qual a memorização tem um papel limitado.[81] De fato, Telêmaco, na "Odisseia", afirma serem tanto mais apreciadas as canções quanto mais novas.[82]

Na verdade, tudo indica que os poetas consideram as Musas filhas da Memória, não porque os poemas por elas inspirados guardem a memória de outras coisas, ou porque sejam memorizáveis, mas porque são memoráveis. Já os primeiros poetas líricos, como Píndaro, se jactavam de que a memorabilidade dos seus poemas conferia memorabilidade também às pessoas de que tratavam.[83]

Mas por que o poeta faz questão de atribuir às Musas e não a si próprio a capacidade de produzir o memorável? Que Homero, por exemplo, faz questão disso, o mostra a lenda, por ele relatada, do poeta Tâmiris, o Trácio. Atribuindo a si próprio a genialidade dos seus poemas, Tâmiris desafiou as Musas para um duelo. Tendo sido derrotado, as Musas lhe tomaram o talento e a visão.[84]

No fundo, o poeta faz questão de depender das Musas porque tal associação o enobrece. Ele se considera o discípulo e o favorito das deusas. Assim, de certo modo, é como se delas descendesse. Homero faz Ulisses declarar que "entre todos os homens da terra, os poetas merecem honra e respeito, pois a eles a Musa, que ama a raça dos poetas, ensinou".[85] Com isso, o poeta conquista a liberdade de cantar, nas palavras de Telêmaco, na "Odisseia", "por onde quer que a mente o conduza".[86] Se não tivesse sido atribuída origem divina às palavras do poeta, elas jamais teriam conquistado semelhante liberdade.

Há uma circularidade evidente no fato de que quem legitima a liberdade do poeta serem as Musas, mas quem garante a existência das Musas ser o poeta. Só a evidência de que ele esteja possuído pela divindade quebra tal círculo. Ora, a natureza da evidência de que as Musas possuem o poeta é sugerida pelos versos nos quais o poeta Teógnis afirma que as Musas cantavam "um belo poema: o belo é nosso, o não belo não é nosso".[87]

A beleza dos poemas — que é o que os torna memoráveis — é prova de sua origem divina, e sua origem divina legitima a liberdade do poeta. Por direito, seus poemas são belos por serem divinos; de fato, porém, são divinos por serem belos.

Logo, a primeira preocupação do poeta não é fazer o poema "verdadeiro", mas fazer, por onde quer que, para tanto, sua mente — sua Musa — o leve, o poema inesquecivelmente belo, o poema memorável pela sua beleza; e a primeira exigência do seu público não é escutar um poema "verdadeiro", mas um poema cuja origem se encontre na dimensão da divindade ou, o que dá no mesmo, um poema que lhe dê prazer estético, pois o "cantor divino" é, como se lê na "Odisseia", aquele que "delicia ao cantar".[88]

Uma vez que o puro esplendor do poema constitui a prova da sua autoria divina, nele as considerações morais ou religiosas se subordinam a considerações estéticas.

Se, como diz Goethe, os gregos sonharam mais esplendidamente o sonho da vida é porque — agora sou eu que o digo — sonharam sonhos de poetas e não de profetas, pastores ou sacerdotes.[89]

De todo modo, ao contrário dos poetas, os filósofos não pretendem que as Musas os inspirem. É verdade que o Sócrates platônico de vez em quando ironicamente brinca com a ideia de que a filosofia é a maior das músicas e fala da "verdadeira Musa", como a companheira da discussão e da filosofia;[90] mas a verdade é que, como o mesmo Sócrates explica, no diálogo "Íon",[91] as Musas, ao entusiasmar os poetas, põem-nos inteiramente fora de si e da razão, isto é, lançam-nos no estado oposto ao que os próprios diálogos platônicos mostram ser condição para a reflexão e a conversação filosófica.

21. A concretude do poema

Tentando explicar por que razão considero os poemas como os mais escritos dos escritos, falei de sua permanência, mas concentrei-me principalmente na sua fixidez. Os poemas são mais escritos porque são mais fixos do que os não poemas. Mas por que são mais fixos? Porque, enquanto aquilo que os não poemas — inclusive as proposições filosóficas — dizem é capaz de se separar do modo como foi dito, podendo, por isso, ser dito de outro modo (logo, podendo ser parafraseado e traduzido), aquilo que os poemas dizem é indiscernível do seu modo de dizê-lo, de modo que não pode ser dito de outro modo: logo, não pode ser parafraseado nem traduzido.

Não se pode dizer o mesmo dos não poemas. A separação entre o que é dito e o modo como é dito, entre o significante e o significado, é efetuada pela própria razão enquanto crítica. A palavra "crítica", não nos esqueçamos, vem do grego κριτική, que vem do verbo κρίνειν, isto é, "separar", "distinguir", "decidir" etc. Criticar é separar ou distinguir.

Já que dar nomes às coisas, defini-las, classificá-las etc. são modos de distingui-las umas das outras, essas atividades são manifestações da crítica. Assim, a razão crítica constitui uma condição da própria linguagem que, por sua vez, a potencializa. A filosofia, por exemplo, distingue os conceitos de sujeito e objeto, substância e propriedades, matéria e forma, corpo e espírito etc.

Semelhantes distinções são condições para que possamos conhecer e utilizar as coisas que há: para que possamos conhecê-las de modo a utilizá-las, e utilizá-las de modo a conhecê-las. Os próprios conceitos de conhecimento objetivo ou de objetividade do conhecimento, por exemplo, não seriam possíveis caso a unidade do ser não houvesse sido cindida pela razão crítica em sujeito, por um lado, e objeto, por outro. Isso mostra que a razão crítica tem um sentido utilitário: serve para o conhecimento e a manipulação do mundo.

Mas a apreensão utilitária do mundo não é a única possível. É também possível uma apreensão estética do ser: uma disponibilidade tal às manifestações do ser que as distinções utilitárias estabelecidas pela razão crítica deixem de ter a última palavra. Evidentemente, porém, não seria possível alcançar tal apreensão através da simples renúncia à linguagem. Isso, se fosse possível, não passaria de uma regressão ao inarticulado. A poesia não pode nem simplesmente recusar a linguagem nem simplesmente submeter-se à linguagem prática ou cognitiva. Não lhe seria possível nem desejável apagar a luz da razão crítica.

O que a poesia pode fazer e efetivamente faz é usar a linguagem de um modo que, do ponto de vista da linguagem prática ou cognitiva, aparece como *perverso*, pois se recusa a aceitar a discernibilidade entre significante e significado, que constitui uma condição necessária para usar as palavras como signos, e as toma como coisas concretas.

Quando se separa, por um lado, o que um texto diz, isto é, seu significado e, por outro lado, seu modo de dizê-lo, isto é, seu significante, abstrai-se o significado do significante. No poema, tal abstração não pode ser feita sem trair tanto a totalidade significante-significado quanto o próprio significado abstraído. Isso significa que o verdadeiro poema é sempre essencialmente concreto, no sentido de consistir numa síntese indissociável de determinações semânticas, sintáticas, morfológicas, fonológicas, rítmicas etc.

Nesse sentido, o poema não se distingue de outras obras de arte. Tomemos como exemplo de obra de arte um dos quadros em que Rembrandt retrata um velho. O velho é um dos elementos da pintura. Não podemos mais saber se o retrato lhe é fiel; não sabemos sequer se esse velho realmente existiu.

Tudo somado, o que de fato conta é o que Rembrandt faz no processo de produção do retrato, no seu embate e jogo com a matéria da pintura. É então que surgem, para o pintor, novas ideias e ambições, assim como novos problemas concretos. A cada passo, o pintor é solicitado pela própria pintura a desenvolver novas soluções pictóricas, em função tanto das necessidades de cada situação imprevista quanto das oportunidades que antes não existiam. Essas soluções não são apenas o produto das ideias que já se encontram prontas, "escritas na alma" do pintor, mas do jogo de todas as faculdades do artista: razão, imaginação, memória, sensitividade, intelecto, experiência, emoção, sensibilidade, sensualidade, intuição, senso de humor, memória, cultura, crítica etc.

Quando a obra fica pronta, o jogo dessas mesmas faculdades será a fonte do prazer estético de quem a contemplar. A medida em que a obra provocar esse jogo será a medida do seu valor estético. Desse modo, esse jogo produzirá um pensamento que não é puramente intelectual, mas que se dá também através de cores, luzes, sombras, linhas, planos, volumes etc. Todas essas coisas brincarão umas com as outras no espírito de quem apreciar tal pintura. No final, o quadro não é apenas sobre o velho, embora o velho faça parte de tudo o que o quadro é.

No fundo, o tema do quadro é apenas um dos seus elementos. O quadro é aquilo sobre o qual nós, que o apreciamos, pensaremos e falaremos. Pois bem, assim são os poemas: objetos de palavras, com todos os seus sentidos, seus referentes, seus sons, seus ritmos, suas sugestões, seus ecos.

Jean-Paul Sartre, pensando no poema de Rimbaud

O saisons! O Châteaux!
Quelle âme est sans défaut?
[Ó estações! Ó Castelos!
Que alma é sem defeito?]

observa que, nesses versos,

Ninguém é interrogado; ninguém interroga: o poeta está ausente. E a interrogação não comporta resposta, ou antes, ela é sua própria resposta. Tratar-se-á então de uma falsa interrogação? Mas seria absurdo pensar que Rimbaud tivesse querido dizer: todo o mundo tem defeitos. Como dizia Breton de Saint-Pol Roux: "Se tivesse querido dizê-lo, tê-lo-ia dito". E tampouco *quis dizer* outra coisa. Fez uma interrogação absoluta; conferiu à bela palavra alma uma existência interrogativa. Eis a interrogação transformada em coisa, como a angústia do Tintoretto se transformara em céu amarelo. Não é mais uma significação, é uma substância [...].[92]

Já vimos que, não menos que as interrogações de que fala Sartre, também as proposições contidas nos poemas se transformam em coisas. E essas coisas, como tudo, no poema, são feitas para nos fazer pensar com todas as nossas faculdades e até mesmo com nossos corpos.

Ao ler um poema, pensamos nele não apenas com as noções correntes, mas também com a materialidade linguística que o constitui: sua sonoridade, seu ritmo, suas rimas, suas aliterações etc., isto é, não apenas os seus significados, mas os seus significantes; e estes não se separam, no poema, daqueles.

Não menos do que o apreciador de uma pintura, quem realmente deseje apreciar um poema deve deixar que em seu próprio pensamento interajam e brinquem uns com os outros, no tempo que para tanto se fizer necessário, todos os recursos de que dispõe, isto é, de novo: razão, imaginação, memória, sensitividade, intelecto, experiência, emoção, sensibilidade, sensualidade, intuição, senso de humor, memória, cultura, crítica etc. O poema, não levando a nada além de si próprio, não pode ser genuinamente apreendido senão de modo intransitivo, imanente, não instrumental, não utilitário. Como diz o poeta Stefan George: "Na poesia — como em toda atividade artística — todo aquele que ainda está tomado pela obsessão de 'dizer' alguma coisa ou de 'cumprir' alguma tarefa não merece nem entrar no vestíbulo da arte".[93]

Em suma, a finalidade da poesia é o poema, isto é, a obra poética. O poema é uma obra feita para ser fruída esteticamente. Já a finalidade da filosofia não é a obra filosófica. Esta, aliás, não é feita para ser fruída esteticamente. Ao contrário, a finalidade da obra filosófica é a manifestação — na vida e na obra do filósofo — de uma proposição, tese ou doutrina filosófica.

22. Os paradoxos

Wittgenstein tem sem dúvida razão quando — referindo-se ao poema *enquanto poema* — adverte: "Não esqueças de que o poema, ainda que redigido na linguagem da comunicação, não é usado no jogo de linguagem da comunicação".[94] Dessa proposição pode-se inferir que o poema enquanto poema nada comunica. Esse é um dos aparentes paradoxos propiciados pela definição da especificidade da poesia. Há muitos outros. Afirmei há pouco que, enquanto aquilo que os não poemas dizem se separa do seu modo de dizê-lo, podendo, por isso, perder o seu valor-verdade ou ser dito de outro modo (logo, podendo ser parafraseado e traduzido), aquilo que os poemas dizem não se separa do seu modo de dizê-lo, e, consequentemente, não pode ser dito de outro modo: logo, não pode ser parafraseado nem traduzido.

Pensando bem, porém, percebe-se que mesmo essa formulação é questionável, pois afirmar que o poema diz alguma coisa já introduz uma diferença — ainda que conceitual e não real — entre o que ele é e o que diz. Poder-se-ia então perguntar, por exemplo, o que é que o poema diz; ou, ainda, se o que diz é verdadeiro. Ora, tais perguntas não se aplicam a um poema. O certo seria reconhecer aqui aquilo que os lógicos chamam de falácia categorial: "dizer" não é um verbo que se aplique a poemas, assim como o verbo "morrer" não se aplica a uma pedra. Poemas enquanto poemas não dizem nem deixam de dizer coisa alguma.

Entretanto, por uma questão de abreviação, contentamo-nos com a afirmação de que os poemas não dizem coisa alguma. Considerada por outro ângulo, contudo, essa afirmação parece dúbia, já que a razão pela qual estou afirmando que o poema não diz coisa alguma é que ele não se distingue daquilo que diz, de modo que se eu quiser, por exemplo, contar a outra pessoa o que diz um poema, a rigor não me restará senão tautologicamente repeti-lo: mas isso, à sua maneira, não deixa de ser dizer o que ele diz. Assim, a formulação negativa não faz, de certo modo, jus ao que se quer com ela exprimir. Pense-se em *Mattina*. O significado da afirmação de que um poema nada diz é que nenhuma — nem todas — as sentenças proposicionais jamais serão capazes de dar conta da totalidade indecomponível do poema-e-o-que-ele-diz. Ou seja, o que se está afirmando não é que a carga semântica do poema seja menor, mas que é maior, do que as cargas semânticas de quaisquer sentenças proposicionais que inutilmente tentem parafraseá-lo.* É desse mesmo modo que o poema não comunica coisa alguma, já que ele não se distingue daquilo que comunica; e, *mutatis mutandis*, que não tem significado, sentido, conteúdo, referente etc.

Assim como o fato de que aquilo que o poema diz é inseparável do seu próprio ser justifica dizer que o poema nada diz, o fato de o conteúdo do poema não se separar da sua forma justifica dizer que o poema não tem conteúdo: que é pura forma. Por que não dizer o oposto, isto é, que o poema é puro conteúdo? Tecnicamente, isso seria possível, mas não é feito porque a forma é tomada como imediatamente dada: isto é, a forma se identifica imediatamente com a materialidade sonora ou gráfica do poema. Entretan-

---

* Ademais, não teria sentido uma sentença proposicional que não fosse informativa; ora, informar é determinar e, naturalmente, *determinatio negatio est*. A sentença afirmativa nega todas as possibilidades opostas ao que ela afirma. Já o poema, que é um objeto da língua, não afirma ou nega coisa alguma. Já vimos, com "Mattina", que o poema é capaz de integrar a si até mesmo aquilo que ele não é.

to, embora a afirmação de que o poema é pura forma signifique apenas que forma e conteúdo nele não se separam, ela acaba servindo para interpretações efetivamente formalistas da natureza do poema.

De todo modo, as proposições aparentemente paradoxais acima citadas correspondem, de fato, à natureza do poema, em relação à qual nada têm de paradoxal. Elas somente se tornam paradoxais para quem, ignorando — ou esquecendo — a especificidade dessa natureza, as descontextualiza. Em outras palavras, aplicadas a um poema por quem sabe que um poema consiste num objeto da língua, elas nada têm de paradoxal; aplicadas a um poema por quem o toma por um ato de fala (ou a um ato de fala por quem o toma por um poema), elas resultam paradoxais.

Entretanto, se nos lembrarmos de que muitas vezes é justamente o aspecto paradoxal de uma proposição que exerce a mais forte atração sobre alguns poetas autêntica ou pretensamente vanguardistas, não será difícil entender por que razão todo progresso na determinação da natureza da poesia é acompanhado por uma proliferação de paradoxos. Assim, é exatamente um poema que constitua uma sentença proposicional paradoxal no sentido mencionado que muitos desses poetas ambicionam produzir: pense-se, por exemplo, na fase *New Sentence* do movimento poético norte-americano intitulado *Language Poetry*. Nesse sentido, o crítico italiano Alfonso Berardinelli talvez tenha razão, ao afirmar que foi a partir da busca da essência da poesia e, em particular, a partir da determinação da função poética, por Jakobson, que alguns poetas seguiram pela "estrada da depuração anticomunicativa de esvaziamento e enfraquecimento progressivo" da poesia.[95]

Ao contrário de Berardinelli, porém, penso que essa estrada não é uma consequência lógica das teses de Jakobson, mas uma utilização falaciosa das premissas fundamentalmente corretas do linguista russo. Na verdade, Jakobson usou a linguística para sistematizar a tentativa de determinar a especificidade da linguagem poética, que já havia sido — e que continua a ser — objeto de reflexões de inúmeros poetas. O próprio Berardinelli não ignora que a principal característica da abordagem de Jakobson, que é o seu caráter puramente formal, o aproxima de uma série de poetas que começa, talvez, com Poe, e cujos maiores expoentes são sem dúvida Mallarmé e Valéry. Lembro as palavras de Blanchot:

> Com uma brutalidade singular, Mallarmé dividiu as regiões. De um lado, a palavra útil, instrumento e meio, linguagem da ação, do trabalho, da lógica e do saber, linguagem que transmite imediatamente e que, como toda boa ferramenta, desaparece na regularidade do emprego. Do outro, a palavra do poema e da literatura, em que falar não é mais um meio transitório, subordinado e usual, mas busca se realizar numa experiência própria.[96]

O que eu mesmo estou a fazer aqui não passa de uma tentativa de continuar a tentar melhor compreender e explicar, a partir tanto da minha leitura desses poetas e pensadores quanto da minha própria experiência e nos meus próprios termos, o que é a poesia.

Seja como for, concordo com Berardinelli quando julga que a poesia que se enveredou pela estrada da depuração anticomunicativa

> tornou-se cada vez mais inapta à elaboração de novas experiências. Quase sem se dar conta, hipnotizada por uma autoridade teórica que definia a linguagem poética como

linguagem que foge da discursividade, da emoção e da representação, a maior parte dos jovens autores que começaram a publicar nos anos 1970 em diante não conseguiram ultrapassar os confins e os recintos estreitos fixados pela estética formalista e pela vanguarda informal, segundo os quais na poesia tudo era possível, tudo era permitido, *salvo dizer alguma coisa*.[97]

Steve McCaffery, um dos teóricos fundadores da Language Poetry, sem dúvida exemplifica perfeitamente os jovens autores a que se refere Berardinelli. Basta citar o título de um ensaio seu de 1976, que conjuga a influência de Foucault à poética formalista: "A morte do sujeito: as implicações da contracomunicação na recente escrita centrada na linguagem".[98] Marjorie Perloff, que, aliás, enfatiza a influência de Jakobson sobre McCaffery, percebe, na tese de que "a linguagem poética não é uma janela, um vidro transparente através do qual se deva enxergar, ao buscar os objetos 'reais' fora dele, mas um sistema de signos com suas próprias relações semiológicas", um princípio animador desse movimento.[99] Do fato de que a linguagem poética não seja um vidro transparente, segue-se, naturalmente, que seja um vidro fosco ou um painel opaco. E com efeito, segundo McCaffery, que pretende "desmistificar a falácia referencial da linguagem", "a referência é uma espécie de cegueira de uma janela em relação ao painel que ela é". Cito McCaffery e a Language Poetry porque esta consiste num movimento pretensamente vanguardista e relativamente recente. Ideias semelhantes, porém, percorrem toda a história da poesia moderna. Segundo, por exemplo, Hugo Friedrich,[100] "a poesia lírica do século XX não oferece acesso cômodo. Ela fala na forma de enigmas e obscuridades". Friedrich exemplifica essa tese citando Baudelaire, Rimbaud, Mallarmé, Apollinaire, Valéry, Éluard, Saint-John Perse, Prévert, García Lorca, Alberti, G. Diego, J. Gullén, Ungaretti, Montale, Eliot, Benn, K. Krolow e M.-L. Kaschnitz, entre outros. Sobre Paul Celan, interpretando o poema "Sprachgitter", Klaus Weissenberger afirma que "a linguagem, que representa o meio de comunicação mais expressivo, transformou-se [...] numa grade que agora impede a entrada no mundo".[101] Mas creio que, quem talvez tenha pensado mais clara e radicalmente do que qualquer outro sobre todos os aparentes paradoxos ligados à determinação da essência da poesia, foi o ensaísta e aforista alemão Albrecht Fabri. Para Fabri, a poesia é necessariamente obscura e busca o silêncio, e "a sentença perfeita [locução pela qual designa a poesia] é pura resistência".[102]

Pois bem, esses paradoxos encontram as mais diversas explicações ou justificativas. Entre os poetas, Gottfried Benn, por exemplo, afirma que fazer poesia é "elevar as coisas decisivas à linguagem do incompreensível, entregar-se a coisas que merecem que delas ninguém convença ninguém".[103] Eugenio Montale explica que "ninguém escreveria versos se o problema da poesia consistisse em se fazer entender".[104] O filósofo Theodor Adorno, por outro lado, aceita a incomunicabilidade — logo, a opacidade, a obscuridade, o silêncio — da poesia moderna, na qualidade de resistência à reificação promovida pela indústria cultural que hoje, segundo ele, desfigura o discurso pretensamente comunicativo,[105] interpretação que teve uma enorme influência. De acordo com Klaus Voswinckel, Celan — que foi objeto, senão vítima, de uma verdadeira orgia de interpretações similares[106] — superou a alienação da linguagem ao atingir, através desta, o silêncio.[107] O já citado McCaffery, por sua vez, pensa que a poesia precisa livrar-se da referência porque esta é "o suporte estrutural tanto da literariedade quanto da economia capitalista".[108] Outra linha de interpretação é de Maurice Blanchot que, ante a pergunta "Aonde vai a literatura?", responde cripticamente: "a literatura vai para si própria, para sua essência que é o desaparecimento".[109]

Permitam-me resumir o que diz essa amostra de poetas, críticos e filósofos. Eles constatam ou defendem a contracomunicação, a escrita centrada na linguagem, a linguagem opaca e obscura, a linguagem como grade que impede a entrada no mundo, a resistência, a incompreensibilidade, o silêncio, o desaparecimento da poesia. Berardinelli tem razão ao relacionar essas atitudes com o progresso do empreendimento da determinação da especificidade da poesia. Ele está errado, porém, ao pensar que elas resultam de um entendimento correto desse progresso. Elas não passam, ao contrário, de derivações incorretas, consequências de um entendimento insuficiente do significado desse progresso.

"Mas", poder-se-ia perguntar, "não parece natural que o que nada diz, nada comunica, não tem significado, não tem sentido, não tem conteúdo, não tem referente etc. seja também opaco, obscuro, incompreensível e almeje o silêncio e o nada?" Sim: é um equívoco natural, baseado no sentido "normal" das propriedades de nada dizer, nada comunicar etc. Quando se afirma, por exemplo, que uma sentença não tem sentido, pode-se também dizer que ela é opaca, obscura etc.

Entretanto, as propriedades em questão não são atribuídas a sentenças, mas a poemas tomados como objetos da língua. Nesse caso, como já mostrei, elas apenas exprimem, de modo negativo, a propriedade positiva da indiscernibilidade entre esses objetos e aquilo que eles comunicam, significam etc.

Quando, ao contrário, seja por ignorância, seja por esquecimento do fato de que o poema consiste num objeto da língua, ele é tomado como um ato de fala, tal qual uma sentença proposicional, então se supõe que o que está sendo afirmado é que o poema é uma sentença proposicional ou um ato de fala que nada diz, que nada comunica etc. Ora, a noção de uma sentença proposicional que nada diga, que nada comunique etc. é inteiramente paradoxal, uma vez que uma sentença proposicional é exatamente algo cuja função é dizer, comunicar etc. Tal sentença proposicional seria inteiramente destituída de carga semântica, logo, seria opaca, obscura, silenciosa etc. É exatamente esse equívoco que não só os poetas, críticos e filósofos em questão cometeram, mas que é, ainda hoje, constantemente cometido por outros poetas, críticos e filósofos. É preciso não esquecer ademais que qualidades tais como opacidade e obscuridade são metáforas que têm um sentido quando se aplicam aos atos de fala e outro, quando se aplicam aos objetos da língua que são os poemas. Assim, se o garçom que me serve disser, no decorrer de comentários sobre o tempo, "nasço amanhã", ficarei com uma pulga atrás da orelha: terá sido, para mim, uma sentença obscura. A mesma frase, porém, em verso de *Poética*, de Vinicius de Moraes, afirmando a especificidade do tempo da poesia, em oposição ao tempo utilitário, causa-me outra emoção:

De manhã escureço
De dia tardo
De tarde anoiteço
De noite ardo.

A oeste a morte
Contra quem vivo

Do sul cativo
O este é meu norte.

Outros que contem
Passo por passo:
Eu morro ontem

Nasço amanhã
Ando onde há espaço:
— Meu tempo é quando.[110]

Quero concluir essas observações sobre os paradoxos esclarecendo três pontos sobre a carga semântica do objeto de língua que é o poema:

1) O primeiro é que o fato de o poema não dizer coisa alguma (isto é, não se distinguir daquilo que diz) não quer dizer que em sua composição não entrem palavras com significados usuais, atos de fala, sentenças ou mesmo conceitos que digam e comuniquem coisas, mas sim que essas palavras, sentenças e conceitos têm, nele, funções subordinadas à da constituição de um objeto estético.

2) O segundo é que o fato de o poema não dizer coisa alguma não quer dizer que, tomado como um todo, ele não seja produzido pelo pensamento ou que não propicie ou provoque o pensamento do leitor. Embora, por um lado, a sua matéria — o som ou a aparência gráfica das palavras — possa, independentemente do pensamento, ser apreendida por quem não compreende a língua, por outro lado, aquilo que, no poema, é resultado do pensamento e o solicita não pode ser apreendido a despeito da linguagem — da matéria formada ou da forma material — em que se manifesta: nem por isso, porém, deixa de ser pensamento.

Entretanto, como Kant demonstra, não se trata do pensamento dominado pelo conceito, mas pela imaginação que, na qualidade de faculdade intermediária entre a sensibilidade e o entendimento, joga também com este. Assim, o poema solicita todos os recursos do poeta e/ou do leitor: intelecto, sensibilidade, imaginação, intuição, razão, experiência, emoção, humor, vocabulário, conhecimento, abertura para aceitar o que o acaso e o inconsciente oferecem etc.

3) O terceiro é que não se deve tomar a apreensão estética como puramente formal, vazia ou indiferente a qualquer conteúdo. A concepção oposta se deve, em parte, a uma interpretação restritiva da afirmação de Kant de que o juízo estético é independente de todo interesse. Trata-se de uma interpretação errônea.* A ausência de interesse significa que, ao genuinamente julgarmos se algo é belo, não levamos em conta as vantagens ou desvantagens que nos possam advir em virtude de tal juízo. Isso, porém, não quer dizer que fiquemos indiferentes a qualquer das possibilidades que nos atravessem, ao contemplá-la. Ao contrário: livramo-nos do cálculo utilitário ou moral justamente para deixar que a obra, resplandecente, provoque em nós o jogo livre das faculdades cognitivas. É nesse jogo livre, e não na pura apreensão sensível que, segundo Kant,[111] reside o prazer estético.

---

* Heidegger, com razão, censura Nietzsche e Schopenhauer por cometerem esse erro. (Martin Heidegger, "Der europäische Nihilismus". In: *Nietzsche*, v. II, p. 126-136.)

23. Os equívocos

A revelação, a partir da experiência da vanguarda, de que nenhum conjunto particular de formas constitui condição suficiente ou necessária para a produção de um poema propiciou alguns equívocos. Alguns supõem, por exemplo, que, dado que não se podem determinar *a priori* as formas que os poemas devem ter, isso aproxima a poesia da filosofia. O que se pensa é que, assim como uma mesma concepção filosófica — por exemplo, a epicurista — pode ser expressa indiferentemente tanto em verso quanto em prosa, tanto em aforismos quanto em ensaios ou tratados, assim também uma concepção poética qualquer pode indiferentemente ser expressa pela forma que bem entender.

Trata-se de um erro, pois, como já vimos (capítulo 21), a concretude essencial do poema significa exatamente que não é possível separar a concepção de um poema de sua forma.

Outros supõem que, como não se podem determinar *a priori* as formas que o poema deve ter, então vale tudo em poesia: *anything goes*. Se vale tudo, então nenhuma coisa é melhor do que outra. Sendo assim, não se podem mais aplicar juízos de valor a poemas.

Esse argumento é uma tolice. Se não é possível determinar o que é poesia ou a arte com proposições meramente descritivas, como seria possível determinar que algo consiste num poema ou numa obra de arte sem o emprego de juízos de valor? Um poema enquanto poema consiste num objeto que consideramos valer por si, sem necessidade de justificativa ulterior: um objeto ao qual damos valor, em que tenhamos nenhum interesse ulterior na existência dele.

A isso se objeta que os valores são subjetivos, logo, relativos. Alega-se que o que é um bom poema para uma pessoa não é necessariamente um bom poema para outra. Desse modo, nenhum poema seria objetivamente bom ou ruim, e nenhum poema seria objetivamente melhor do que outro.

Desse modo, confunde-se a objetividade com a universalidade, supondo-se que todo juízo que pretenda à universalidade seja necessariamente objetivo. Ora, como mostrou Kant, a universalidade do juízo estético não se baseia na objetividade. Trata-se de uma universalidade subjetiva. Se o juízo estético for, de fato, desinteressado, no sentido indicado no capítulo 15, então ele não provém das características particulares daquele que o profere, de modo que pode perfeitamente pretender à universalidade.

Quando alguém diz que um texto é um poema, ou que é um poema bom, não está dizendo apenas que gosta dele, mas que todo mundo que o considere desinteressadamente *deve* reconhecer que se trata de um bom poema. Se não fosse assim, valeria aqui o ditado "gosto não se discute". Ora, todo mundo sabe que o que mais se discute é gosto no que se refere a obras de arte. Por outro lado, quando se diz algo como "gosto de abacate", não se pretende o mesmo. Seria absurdo achar que todo mundo que seja destituído de preconceitos *deva* gostar de abacate. É aqui que vale o ditado "gosto não se discute".

Mas não será a própria discussão estética infindável? De certo modo, sim. No entanto, a verdade é que, com o tempo, chega-se muito próximo de um consenso em relação a inúmeras obras canônicas. É praticamente inconcebível que algum dia, por exemplo, Homero, Horácio, Dante ou Camões deixe de fazer parte do cânone da literatura universal.

Conclusão

O leitor terá observado que não apenas tenho tomado a filosofia como diferente da poesia, mas, basicamente como seu oposto complementar. Espero que a dicotomia lógico-linguística que empregarei a seguir me ajude a fazer um resumo final do que penso sobre esse assunto. Refiro-me aos conceitos de *metalinguagem* e *linguagem-objeto*; ou melhor, de *metadiscurso* e *discurso-objeto*. Como se sabe, um discurso é capaz de falar sobre outro discurso. O discurso que fala sobre outro é um *metadiscurso*. O discurso sobre o qual outro discurso fala é um *discurso-objeto*.

Tomemos um enunciado como "a porta da sala está aberta". Se digo, por exemplo, "o enunciado 'a porta da sala está aberta' é composto de seis palavras", o que acabo de dizer é um metadiscurso em relação ao discurso-objeto "a porta está aberta". Mas um metadiscurso pode vir a ser um discurso-objeto em relação a outro discurso que fale dele. Se digo, por exemplo, "traduzi para o inglês o enunciado 'o enunciado *a porta da sala está aberta* é composto de seis palavras'", então o que era antes um metadiscurso é agora um discurso-objeto em relação ao discurso que começa com "traduzi para o inglês...". Pois bem, denomino *discurso-objeto terminal* aquele cuja função primordial não é nem falar sobre discurso algum nem falar sobre coisa alguma. Assim é o objeto da língua que é o poema enquanto poema, tal como o mostrei aqui.

Por outro lado, denomino *metadiscurso terminal* aquele que pode ter por objeto outros discursos e outras coisas, mas que não pode, ele mesmo, ser objeto de nenhum discurso fora de si, pois o único discurso que o tem por objeto é ele mesmo. Assim é o ato de fala que é a filosofia. Em outras palavras, não é possível falar sobre — ou mesmo falar contra — a filosofia enquanto filosofia senão a partir de um discurso que seja, ele mesmo, filosofia.

Alguém talvez objete que um gramático, por exemplo, poderia estudar o *Discours de la méthode*, de Descartes, sem que seu estudo seja considerado filosofia. É verdade, mas então o seu objeto não seria o *Discours de la méthode* enquanto filosofia. O seu objeto não seria filosófico. Na medida em que fosse, então também o seu estudo seria filosófico.

Enquanto o valor da poesia não é dado pelo que fale sobre coisa alguma, pois a sua função, enquanto poema, não é falar sobre coisa alguma, o valor do discurso filosófico está no que fala sobre as coisas, ainda que a coisa de que fale seja a própria filosofia. O discurso filosófico é, como mostramos (capítulo 11) proposicional. Ora, uma proposição pode ser efetuada com diferentes palavras. É assim que, como já observamos (capítulo 18), filósofos da estatura de Kant, Fichte e Heidegger acham perfeitamente possível, "traduzindo" o enunciado de um grande filósofo para outra "língua", entender o sentido de sua filosofia melhor do que ele próprio a entendeu.

Pois bem, como já se viu (capítulo 21), seria impensável falar tal coisa a respeito das obras de um poeta enquanto poeta. Enquanto, no caso dessas obras, o que importa é o seu valor estético, e não o que o poeta pensa sobre elas ou sobre o mundo; no caso de uma obra filosófica, ao contrário, o que importa não é o seu valor estético, mas a intuição filosófica que revela, a doutrina que defende, o conceito que elabora. Sem embargo, a obra de filosofia expõe as intuições, as doutrinas, os conceitos do seu autor, mas o faz apenas parcialmente e em palavras arbitrárias. Quando nos debruçamos sobre ela, não é pelo seu valor intrínseco, como quando nos debruçamos sobre um poema, mas, ao contrário, para descobrir o que pensa o seu autor; e queremos descobrir o que pensa o seu autor, não com a finalidade precípua de conhecer esse autor, mas porque nos interessamos pelas questões filosóficas de que ele trata. Ao lê-lo e interpretá-lo, queremos, em última análise, aprofundar a nossa investigação de questões pertencentes ao domínio da filosofia.

Enquanto nenhuma filosofia, nenhum metadiscurso, jamais é capaz de parafrasear o discurso-objeto que é o poema, nenhum poema enquanto poema se reduz a um discurso sobre outra coisa ou discurso. Ou melhor: quando lemos um poema enquanto discurso sobre outra coisa ou metadiscurso, deixamos de lê-lo enquanto poema. Enquanto poema, o que ele diz sobre alguma coisa não é um fim, mas meramente um meio. Os discursos sobre um texto poético se multiplicam justamente porque o que diz não pode ser separado das palavras com que o diz, de modo que todas as demais palavras com as quais tentamos exprimi-lo ou explicá-lo resultam sempre insuficientes; já os discursos sobre um texto filosófico se multiplicam porque o que ele tenciona dizer não é inteiramente expresso pelas palavras com as quais o diz, de modo que sempre pode e deve ser expresso e explicado melhor por outras palavras.

As grandes intuições filosóficas são poucas e aqueles que as têm são grandes pensadores. São essas intuições que procuramos captar quando voltamos aos textos originais e primários, ainda que textos posteriores e secundários já os tenham explicado melhor, no todo ou em alguns dos seus aspectos. É que não voltamos àqueles textos como a um poema que sabemos ser insubstituível e para o qual cada uma das nossas leituras é sempre inadequada ou insuficiente, mas, ao contrário, como a um texto que é ele mesmo inadequado ao que tenciona dizer, mas que, embora inadequado, é de todo modo o texto de um grande pensador, isto é, de alguém que supomos ter ido muito longe em pensamento, ainda mais longe do que aquilo que conseguiu exprimir por escrito e do que aquilo que, inadequadamente expresso por escrito, foi mais bem-explicado por outros. Relemos tais textos como indicações, indícios ou sintomas de algo que eles mesmos não chegaram a exprimir adequadamente.

Esses dois polos do pensamento, poesia e filosofia, não podem ser reduzidos um ao outro. Já o filósofo Platão falava da "velha querela" entre a filosofia e a poesia, e dela participou, do lado da filosofia. E o poeta Cabral escreveu, contra a poesia "filosófica", no poema "Retrato de poeta", que

> O poeta de que contou Burgess,
> que só escrevia na latrina,
> quando sua obra lhe saía
> por debaixo como por cima,
> volta sempre à lembrança
> quando em frente à poesia
> meditabunda que
> se quer filosofia,
> mas que sem a coragem e o rigor
> de ser uma ou outra, joga e hesita,
> ou não hesita e apenas joga
> com o fácil, como vigarista.
> Pois tal meditabúndia
> certo há de ser escrita
> a partir de latrinas
> e diarreias propícias.[112]

Hoje é frequente tentar reduzir os discursos filosóficos a espécies de poemas que se desconhecem enquanto tais. Mas é necessário que haja tanto o discurso-objeto terminal — a poesia — quanto o metadiscurso terminal: a filosofia. É esta que ambiciona conhecer a verdade.

Como todo discurso sobre a filosofia é filosófico, de modo que toda tentativa de negar à filosofia a possibilidade de conhecer a verdade é uma tentativa filosófica de negar-se a filosofia, essa tentativa incorre no que se convencionou chamar de autocontradição performativa. Desse modo, a filosofia que negue a si própria a possibilidade de conhecer a verdade está, *ipso facto*, negando a si própria a possibilidade de enunciar tal "verdade". Logicamente, não resta à filosofia senão rejeitar esse suicídio e afirmar sua própria potência. É importante que o faça, tanto para si própria quanto para a poesia, pois, se esta constitui a afirmação radical e imanente do mundo fenomenal, imediato, aleatório, finito, aquela é o núcleo do empreendimento moderno de crítica radical e sistemática das ilusões e das ideologias que pretendem congelar ou cercear a vida e, consequentemente, congelar e cercear a própria poesia.

Notas

1. W. H. Auden, *Fazer, saber e julgar*, p. 22.
2. John Keats, *The Eve of St. Agnes and Other Poems*, p. 40.
3. João Guimarães Rosa, "Diálogo com Guimarães Rosa". In: *Ficção completa*, v. 1, p. 33.
4. Ver, por exemplo, Giorgio Agamben, *La fin du poème* e Alberto Pucheu, *Pelo colorido, para além do cinzento (A literatura e seus entornos interventivos)*.
5. G. W. F. Hegel, *Vorlesungen über die Geschichte der Philosophie*, v. I, p. 196.
6. Carlos Pena Filho, *Livro geral*.
7. Sosígenes Costa, *Poesia completa*, p. 44.
8. Carlos Drummond de Andrade, "A vida passada a limpo". In: *Poesia completa*, p. 417-451.
9. J. W. Goethe, *Goethes, Gespräche*, v. 2, p. 347.
10. Katsushika Hokusai, *apud* Stephen Longstreet, "Introduction". *The drawings of Hokusai*.
11. Adauto Novaes (org.), *Poetas que pensaram o mundo*.
12. Paul Robert e Alain Rey, *Dictionnaire alphabétique et analogique de la langue française*, verbete "*penser*".
13. Centre National de la Recherche Scientifique. *TLFi: Le Trésor de la Langue Française informatisé*. Verbete: "*penser*".
14. Manuel Bandeira, "Belo belo". In: *Poesia completa e prosa*, p. 334.
15. Jorge Luis Borges, "Los conjurados". In: *Obras completas*, v. 2, p. 478.
16. Horácio, "Carmen I.xi". In: *Horace: odes and epodes*, p. 11.
17. Epicuro, "Lettre à Ménécée". In: *Lettres et maximes*, p. 218.
18. Paulo Henriques Britto, "Horácio no Baixo".
19. Catulo, "Vivamus mea lesbia atque amemus". In: Haroldo de Campos, *Crisantempo: No espaço curvo nasce um*, p. 190.
20. Pierre de Ronsard, "Quand vous serez bien vieille, au soir à la chandelle". In: R. Magalhães Jr., *Antologia de poetas franceses*, p. 367.
21. Paulo Henriques Britto, *Macau*, p. 74.
22. José Guilherme Merquior, *Foucault*, p. 78.
23. Ver Antonio Cicero, "*Epos* e *mythos* em Homero". In: *Finalidades sem fim*, p. 241 ss.

24. Aristóteles, "De arte poética". In: *Opera*, v. 2, p. 1447b17 ss.

25. Giorgio Agamben, *Stanze*, p. 10.

26. Heráclito, *Fragmentos. Origem do pensamento*, 1980, fr. 42, p. 74, e fr. 56, p. 85.

27. Helen Vendler, *Poets Thinking*, p. 12.

28. Marcus Tullius Cicero, "IX. Scr. ineunte mense Februario (a. d. III. Id.?) a.u.c. 700". Disponível em *M. Tvlli Ciceronis epistvlarvm ad Qvintvm fratrem líber secvundvs,* http://www.thelatinlibrary.com/cicero/fratrem2.shtml, acessado em 12/3/2011.

29. Lucrécio, "Da natureza", p. 103.

30. Ibid., p. 119.

31. Ibid.

32. Ver Marcus Tullius Cicero, *Disputas tusculanas*, livro V, § 8, v. 2, p. 84.

33. David, *Prolegomena philosophiae et in Porphyrii Isagogen commentarium*, p. 25.

34. Platão, "Phaedrus". In: *Opera*, v. 2, p. 175d7 ss.

35. Ibid., p. 277d5 ss.

36. Platão, "Epistula VII". In: *Opera*, v. 5, p. 341 ss.

37. Ibid, p. 278d8 ss.

38. W. H. Auden, "Squares and oblongs". In: *The Complete Works of W. H. Auden. Prose*, v. II, p. 344.

39. Paul Valéry, "Degas danse dessin". In: *Œuvres*, p. 1208.

40. Anaximandro, Fragmento 1. In: *Die Fragmente der Vorsokratiker*. v. 1, p. 89.

41. Aristóteles, "Metaphysica". In: *Opera*, p. 980[a].

42. Carlos Drummond de Andrade, "Alguma poesia". In: *Poesia completa*, p. 16.

43. Carlos Drummond de Andrade, "Sentimento do mundo". In: *Poesia completa*, p. 69.

44. Ítalo Moriconi (org.), *Os cem melhores poemas brasileiros do século*, p. 97.

45. Nicolás Gómez Dávila, *Sucesivos escolios a un texto implícito*, p. 20.

46. Friedrich Nietzsche, "Unzeitgemäße Betrachtungen". In: *Werke*, v. 2, p. 413.

47. Haroldo de Campos, *Crisantempo: No espaço curvo nasce um*, p. 190.

48. Mário Faustino, *O homem e sua hora e outros poemas*, p. 231.

49. João Cabral de Melo Neto, "A educação pela pedra". In: *Obra completa*, p. 346.

50. Armando Freitas Filho, "Fio terra". In: *Máquina de escrever. Poesia reunida e revista*, p. 583.

51. François de Salignac de la Mothe Fénelon, *Lettre à l'Académie*, p. 88.

52. Walt Whitman, "Leaves of grass". In: *The Complete Poems*, p. 123.

53. Montaigne, "Du jeune Caton". In: *Essais*, livro I, p. 262.

54. Sextus Empiricus, "Against the professors" I.280 ss. In: *Sextus Empiricus in four volumes*, v. IV, p. 160.

55. Ralph Emerson, "Shakespeare; or, the poet". In: William Morton Payne (org.), *American literary criticism*, p. 86.

56. Mello Nobrega, *Rima e poesia*, p. 16.

57. Nicolas Boileau-Despréaux, *Arte poética*, p. 5.

58. M. Blanchot, "La littérature et l'experience originelle". In: *L'espace littéraire*, p. 292.

59. Citado por Eucanãa Ferraz, *Máquina de comover. A poesia de João Cabral de Melo Neto e suas relações com a arquitetura*, p. 194-196.

60. João Cabral de Melo Neto, "O cão sem plumas". In: *Obra completa*, p. 105.

61. *Apud* Diogenes Laertius, *Lives of eminent philosophers*, v. II, p. 372.

62. Benedictus de Spinoza, *Ethica II*, prop. XLII, scholium, p. 208.

63. Arthur Rimbaud, *O rapaz raro. Iluminações e poemas*, p. 94-95.

64. Aristóteles, "Ethica Nicomachea". In: *Opera*, v. 2, p. 1094b24.

65. Immanuel Kant, "Kritik der Urteilskraft". In: *Werke*, v. 5, p. B140ss., 1902ss., principalmente a *Analytik des Schönen*.

66. Ezra Pound, "How to read". In: T. S. Eliot (org.), *Literary essays of Ezra Pound*, p. 19.

67. Isócrates, "Panegyricus". In: *Discours*, v. 2, cap. X.

68. Tomo de Roman Ingarten (*Das literarische Kunstwerk*) e Wolfgang Iser ("Das Lesevorgang") o conceito de *concretização* da obra literária.

69. Jorge Luis Borges, "Siete noches". In: *Obras completas*, v. 2, p. 254.

70. Tomás de Aquino, *Suma teológica*, Primeira Parte, Questão XXI, Artigo II, p. 218.

71. Martin Heidegger, "Einführung in die Metaphysik", p. 13.

72. Martin Heidegger, *Nietzsche*, v. II, p. 163.

73. Immanuel Kant, *Kritik der reinen Vernunft*, B 371.

74. Hesíodo, Teogonia, v. 27, p. 1.

75. N. Ascher, "Uma arte à parte". In: *Poesia alheia: 124 poemas traduzidos*, p. 26.

76. Haroldo de Campos, "Da tradução como criação e como crítica". In: *Metalinguagem*, p. 24.

77. G. Ungaretti, *A alegria/L'allegria*, p. 138.

78. H. Detering, "Nur keine falschen Vertrautheiten. Lichtgirlande: C. W. Aigners diskrete Ungaretti-Übertragungen".

79. Haroldo de Campos, "Da tradução como criação e como crítica". In: *Metalinguagem*, p. 24.

80. Hugh Kenner, "The making of the modernist canon". In: *Cannons*, p. 374.

81. A. B. Lord, *The Singer of Tales*, p. 13.

82. Homero, *L'Odysée*, v. I, canto I, verso 352, p. 22.

83. Píndaro, "Pythian odes". In: *The Odes of Pindar*, ode I, v. 92-94.

84. Homero, *Iliade*, v. 1, canto II, versos 594-600, p. 53.

85. Homero, *L'Odysée*, v. II, canto VIII, versos 479-481, p. 21.

86. Ibid., v. I, canto I, versos 346-347, p. 22.

87. Téognis, Poèmes élégiaques, livro I, versos 17-18, p. 59.

88. Homero, *L'Odysée*, v. III, canto XVII, verso 385, p. 39.

89. J. W. Goethe, "Maximen und Reflexionen". In: *Werke*, p. 518.

90. Platão, "Phaedo". In: *Opera*, v. 1, 61b; "Respublica". In: *Opera*, v. 4, 548b; etc.

91. Platão, "Íon". In: *Opera*, v. 3, 533d ss.

92. Jean-Paul Sartre, "Qu'est-ce qu'écrire?" In: *Qu'est-ce que la littérature?*, p. 24.

93. Stefan George, "Über Dichtung". In: *Blätter für die Kunst*, p. 122.

94. Ludwig Wittgenstein, *Zettel*, § 160.

95. Alfonso Berardinelli, "I confini della poesia". In: *La poesia verso la prosa*, p. 14.

96. Maurice Blanchot, "Où va la littérature?" In: *Le livre à venir*, p. 266-340.

97. Alfonso Berardinelli, "I confini della poesia". In: *La poesia verso la prosa. Controversie sulla lirica moderna*, p. 14. Grifo do autor.

98. Steve McCaffery, "The death of the subject: The implications of counter-communication in recent language-centered writing", p. 2.

99. M. Perloff, "After language poetry: Innovation and its theoretical discontents".

100. Hugh Friedrich, *Die Struktur der modernen Lyrik*, p. 10.

101. Jean Bollack, "Paul Celan sur la langue. Le poème 'Sprachgitter' et ses interprétations". In: *Contre-jour. Études sur Paul Celan. Colloque de Cerisy*, p. 102.

102. Albrecht Fabri, "Präliminarien zu einer Theorie der Literatur". In: *Divertimenti. Ausgewählte Texte aus fünf Jahrzehnten*, p. 31.

103. Hugh Friedrich, *Die Struktur der modernen Lyrik*, p. 10.

104. Ibid.

105. Theodor Adorno, "Rede über Lyrik und Gesellschaft". In: R. Tiedemann (org.), *Gesammelte Schriften*, v. 11, p. 56.

106. Cf., por exemplo, as interpretações de *Sprachgitter*, comentadas por Jean Bollack em "Paul Celan sur la langue. Le poème 'Sprachgitter' et ses interprétations".

107. K. Voswinckel, "Paul Celan". In: *Verweigerte Poetisierung der Welt. Versuch einer Deutung, passim*.

108. Steve McCaffery, "The death of the subject: The implications of counter-communication in recent language-centered writing", p. 8.

109. Maurice Blanchot, "Où va la littérature?" In: *Le livre à venir*, p. 265.

110. Vinicius de Moraes, *Nova antologia poética*, p. 141.

111. Immanuel Kant, "Kritik der Urteilskraft". In: *Werke*, v. 5.

112. João Cabral de Melo Neto, "Museu de tudo". In: *Obra completa*, p. 374.

Bibliografia

ABRAMS, M. H. *A Glossary of Literary Terms*. Boston: Thompson Wadsworth, 2005.

ADORNO, Theodor. "Rede über Lyrik und Gesellschaft". In: *Gesammelte Schriften*, v. 11. Org. R. Tiedemann. Frankfurt am Main: Suhrkamp, 1974.

AGAMBEN, Giorgio. *La fin du poème*. Paris: Circé, 2002.

———. *Stanze*. Paris: Rivages, 1992.

ALLEM, Maurice (org.). *Anthologie poétique française. XVIᵉ siècle*. Paris: Garnier-Flammarion, 1965.

ANACREONTE. "Fragmenta". In: PAGE, D. L. *Poetae melici Graeci*. Oxford: Clarendon Press, 1962.

ANAXIMANDRO. In: DIELS, Hermann e KRANZ, Walther (orgs.). *Die Fragmente der Vorsokratiker*, v. 1. Hildesheim: Weidman, 1992.

ANDRADE, Carlos Drummond de. *Poesia completa*. Fixação de textos e notas de Gilberto de Mendonça Teles. Introdução de Silviano Santiago. Rio de Janeiro: Nova Aguilar, 2002.

APOLLINAIRE, Guillaume. "L'esprit nouveau et les poètes" (1917). Disponível em: http://wikilivres.info/wiki/L%E2%80%99Esprit_nouveau_et_les_po%C3%A8tes.

ARISTÓTELES. *Opera*. Org. O. Gigon. Berlim: De Gruyter, 1960.

ASCHER, N. *Poesia alheia: 124 poemas traduzidos*. Rio de Janeiro: Imago, 1998.

AUDEN, W. H. *Fazer, saber e julgar*. Trad. Ângela Melim. Ilha de Santa Catarina: Noa Noa, 1981.

———. *The Complete Works of W. H. Auden*. Org. E. Mendelson. Princeton: Princeton University Press, 2002.

BANDEIRA, Manuel. *Poesia completa e prosa*. Rio de Janeiro: Aguilar, 1967.

BERARDINELLI, Alfonso. *La poesia verso la prosa. Controversie sulla lirica moderna*. Turim: Bollati Boringhieri, 1994.

BLANCHOT, M. *L'espace littéraire*. Paris: Gallimard, 1955.

———. *Le livre à venir*. Paris: Gallimard, 1959.

BLOOM, Harold. *The Western Canon. The books and school of the age*. Nova York: Riverhead Books, 1994.

BOILEAU-DEPRÉAUX, Nicolas. *Arte poética*. Trad. Conde da Ericeira. Lisboa: Typografia Tollandiana, 1818.

———. *L'art poétique*. Paris: Larousse, 1992.

BOLLACK, Jean. "Paul Celan sur la langue. Le poème 'Sprachgitter' et ses interprétations". In: BRODA, M. (org.). *Contre-jour. Études sur Paul Celan. Colloque de Cerisy*. Paris: Éditions du Cerf, 1986.

BORGES, Jorge Luis. *Obras completas*, v. 2. Buenos Aires: Emecé, 1989.

BRITTO, Paulo Henriques. *Macau*. São Paulo: Companhia das Letras, 2003.

———. "Horácio no Baixo". "Ilustríssima", *Folha de S. Paulo*, 9 jan. 2011.

CALVINO, Italo. *Perché leggere i classici*. Milão: Arnaldo Mondadori, 1991.

CAMPOS, Haroldo de. *Crisantempo: No espaço curvo nasce um*. São Paulo: Perspectiva, 2004.

———. *Metalinguagem*. Petrópolis: Vozes, 1967.

CATULO. *Poésies*. Org. G. Lafaye. Paris: Les Belles Lettres, 1949.

CENTRE NATIONAL DE LA RECHERCHE SCIENTIFIQUE (CNRS). *TLFi: Le Trésor de la Langue Française informatisé*. Version du 10/12/2002.

CICERO, Antonio. *Finalidades sem fim*. São Paulo, Companhia das Letras, 2005.

———. *O mundo desde o fim*. Rio de Janeiro: Francisco Alves, 1995.

CICERO, Marcus Tullius. *Disputas tusculanas*. México: Universidad Nacional Autónoma, 1979.

———. "IX. Scr. Ineunte mense Februario (a.d. III. Id.?) a.u.c. 700". Disponível em M. Tvlli Ciceronis epistvlarvm ad qvintvm fratrem líber secvndvs, disponível em: http://www.thelatinlibrary.com/cicero/fratrem2.shtml, acessado em 12/3/2011.

CORNEILLE, Pierre. *Œuvres*, v. 10. Paris: Hachette, 1862-1868.

COSTA, Sosígenes. *Poesia completa*. Salvador: Conselho Estadual de Cultura, 2001.

CURTIUS, Ernst Robert. *Europäische Literatur und lateinisches Mittelalter*. Berna: Francke Verlag, 1965.

DAVID. *Prolegomena philosophiae et in Porphyrii Isagogen commentarium*. Org. A. Busse. Berlim: Reimer, 1904.

DÁVILA, Nicolás Gómez. *Sucesivos escolios a un texto implícito*. Barcelona: Áltera, 2002.

DETERLING, Heinrich. "Nur keine falschen Vertrautheiten". *Frankfurter Allgemeine Zeitung*, Frankfurt, 25/9/2003.

DIOGENES LAERTIUS. *Lives of Eminent Philosophers*. Londres: Heinemann, 1970.

DIONÍSIO de Halicarnasso. *Dionysii Halicarnasei quae exstant*. Org. H. Userner E L. Rademacher. Leipzig: Teubner, 1965.

EAGLETON, Terry. *Literary Theory: An introduction*. Minneapolis: University of Minnesota Press, 1983.

ELIOT, T. S. *Selected Essays*. Londres: Faber and Faber, 1951.

EMERSON, Ralph W. *Essays and Lectures*. Nova York: Library of America, 1983.

EPICURO. *Lettres et maximes*. Org. Marcel Conche. Villers-sur-mer: Mégare, 1977.

FABRI, Albrecht. *Divertimenti. Ausgewählte Texte aus fünf Jahrzehnten*. Org. P. Good. Düsseldorf: Parerga Verlag, 1996.

FAUSTINO, Mário. *O homem e sua hora e outros poemas*. São Paulo: Companhia das Letras, 2002.

FÉNELON, François de Salignac de la Mothe. *Lettre à l'Académie*. Org. E. Calarini. Genebra: Librairie Droz, 1970.

FERRAZ, Eucanaã. *Máquina de comover. A poesia de João Cabral de Melo Neto e suas relações com a arquitetura*. Tese de doutorado em literatura brasileira. Rio de Janeiro: UFRJ, Faculdade de Letras, 2000.

FREITAS FILHO, Armando. *Máquina de escrever. Poesia reunida e revista*. Rio de Janeiro: Nova Fronteira, 2003.

FRIEDRICH, Hugh. *Die Struktur der modernen Lyrik*. Hamburgo: Rowohlt, 1956.

GADAMER, Hans-Georg. *Wahrheit und Methode*. Tübingen: J. C. B. Mohr, 1986.

GEORGE, Stephan. "Über Dichtung". In: *Blätter für die Kunst*. Folge 2, 1894, Bd. 4, Oktober.

GOETHE, J. W. *Briefe, Tagebücher, Gespräche*. Org. Mathias Bertram. Berlim: Direktmedia, 1998. DVD.

———. *Goethes Gespräche*. Org. Woldemar Freiherr von Biedermann. Zurique: Artemis Verlag, 1965-1987.

———. "Maximen und Reflexionen". In: *Werke*. Berlim: Directmedia, 1998. DVD.

HEGEL, G. W. F. "Vorlesungen über die Geschichte der Philosophie". In: *Werke in zwanzig Bänden*. Frankfurt am Main: Suhrkamp, 1971.

HEIDEGGER, Martin. "Einführung in die Metaphysik". In: *Gesamtausgabe*, Band 40. Frankfurt am Main: Vittorio Klostermann, 1983.

———. *Nietzsche*. Pfüllingen: Neske, 1961.

HERÁCLITO. *Fragmentos. Origem do pensamento*. Edição bilíngue com tradução, introdução e notas de Emmanuel Carneiro Leão. Rio de Janeiro: Tempo Brasileiro, 1980.

HESÍODO. *Teogonia*. México: Universidad Nacional Autónoma de México, 1978.

HOMERO. *Iliade*. Paris: Les Belles Lettres, 1961.

————. *L'Odyssée*. Paris: Les Belles Lettres, 1989.

HORÁCIO. "Carmen I.xi". In: SHOREY, P. (org.). *Horace: odes and epodes*. Chicago/Nova York/Boston: Benj. H. Sanborn & Co., 1919.

INGARTEN, Roman. *Das literarische Kunstwerk*. Tübingen: Max Niemeyer, 1972.

ISER, Wolfgang. "Das Lesevorgang" In: WARNING, R. (org.). *Rezeptionsästhetik*. Munique: W. Fink, 1994.

ISÓCRATES. *Discours*. Org. G. Mathieu e E. Brémond. Paris: Les Belles Lettres, 1967.

JAKOBSON, Roman. "Linguística e poética". In: *Linguística e comunicação*. Trad. I. Blikstein e J. P. Paes. São Paulo: Cultrix, 2003.

JIMÉNEZ, Juan Ramón. *Diário de un poeta recién casado*. Madri: Calleja, 1917.

KANT, Immanuel. "Kritik der Urteilskraft". In: *Werke*. Berlim: Preussische Akademie der Wissenschaften, 1902.

————. *Kritk der reinen Vernunft*. Frankfurt am Main: Suhrkamp, 1976.

KEATS, John. *The Eve of St. Agnes and Other Poems*. Org. Isabella Lamia. Londres: Taylor and Hessey, 1920. Disponível em: Project Gutenberg, http://www.gutenberg.org/files/23684/23684-h/23684-h.htm.

KENNER, Hugh. "The making of the modernist canon". In: HALLBERG, R. (org.). *Cannons*. Chicago: The University of Chicago Press, 1984.

LONGSTREET, Stephen. *The drawings of Hokusai*. Vista, CA: Borden Publishing, 1972.

LORD, A. B. *The Singer of Tales*. Cambridge, Mass.: Harvard University Press, 1977.

LUCRÉCIO. "Da natureza". In: *O epicurismo*. Tradução, prefácio e notas de A. da Silva. Rio de Janeiro: Edições de Ouro, 1966.

————. *De rervm natura*. Org. C. Bailey. Oxford: Clarendon Press, 1947.

MAGALHÃES Jr., R. (org.). *Antologia de poetas franceses*. Trad. Guilherme de Almeida. Rio de Janeiro: Gráfica Tupy Editora, 1950.

MARX, Karl. "Einleitung [zur Kritik der politischen Ökonomie]". In: MARX, K. e ENGELS, F. *Werke*, v. 13. Berlim: Dietz-Verlag, 1956.

McCAFFERY, Steve. "The death of the subject: The implications of counter-communication in recent language-centered writing". *L=A=N=G=U=A=G=E*, Suplemento n° 1, junho de 1980.

MELO NETO, João Cabral de. *Obra completa*. Org. Marly de Oliveira. Rio de Janeiro: Nova Aguilar, 1995.

MELLO NOBREGA. *Rima e poesia*. Rio de Janeiro: Ministério da Educação e Cultura, 1965.

MERQUIOR, José Guilherme. *Foucault*. Berkeley/Los Angeles: University of California Press, 1985.

MONTAIGNE, Michel Eyquem de. "Du jeune Caton". In: *Essais*, I.xxxvi. Paris: Garnier, 1948.

MORAES, Vinicius de. *Nova antologia poética*. Seleção e organização Antonio Cicero e Eucanaã Ferraz. São Paulo: Companhia das Letras, 2005.

MORICONI, Ítalo (org.). *Os cem melhores poemas brasileiros do século*. Rio de Janeiro: Objetiva, 2001.

NIETZSCHE, Friedrich. "Unzeitgemäße Betrachtungen". In: *Werke*. v. 2. Org. Karl Schlecta. Munique: Carl Hanser.

NOVAES, Adauto (org.). *Poetas que pensaram o mundo*. São Paulo: Companhia das Letras, 2005.

OVÍDIO. *Metamorphoseon libri*. Cum notis Th. Farnabili. Amstelaedami: I. Blaev, 1650.

PAYNE, William Morton (org.). *American Literary Criticism*. Freeport: Books for Library Press, 1968.

PENA FILHO, Carlos. *Livro geral*. Olinda: Gráfica Vitória, 1977.

PERLOFF, M. "After Language Poetry: innovation and its theoretical discontents". Disponível em: Marjorie Perloff's Home Page, http://wings.buffalo.edu/epc/authores/perloff/after_langpo.html, acessado em 23/07/2011.

PFEIFFER, Rudolf. *Geschichte der klassichen Philologie. Von den Anfängen bis zum Ende des Hellenismus*. Hamburgo: Rowohlt, 1970.

PÍNDARO. "Pythian odes". In: *The Odes of Pindar*. Cambridge, Mass.: Harvard University Press, 1978.

PLATÃO. *Opera*. Org. J. Burnet. Oxford: Oxford University Press, 1984.

POUND, Ezra. *Literary Essays of Ezra Pound*. Org. T. S. Eliot. Londres: Faber and Faber, 1954.

———. *Make It New*. New Haven: Yale University Press, 1935.

———. *The ABC of Reading*. Norfolk: New Directions, s.d.

PUCHEU, Alberto. *Pelo colorido, para além do cinzento (a literatura e seus entornos interventivos)*. Rio de Janeiro: Azougue, 2007.

RIMBAUD, Arthur. "Lettre à Paul Demeny". In: *Œuvres poétiques complètes*. Org. Alain Blottière. Paris: Robert Laffont, 1980.

———. *O rapaz raro. Iluminações e poemas*. Trad. Maria Gabriela Llansol. Lisboa: Relógio d'Água, 1998.

ROBERT, Paul; REY, Alain. *Dictionnaire alphabétique et analogique de la langue française*. Paris: Dictionnaires Le Robert, 2001.

ROSA, João Guimarães. "Diálogo com Guimarães Rosa". Entrevista a Günter Lorenz. In: *Ficção completa*, v.1. Rio de Janeiro: Nova Aguilar, 1995.

ROSENBERG, Rainer. "Kanon". In: FRICKE, H. e WEIMAR, K. (orgs.). *Reallexikon der deutschen Literaturwissenschaft*, v. 2. Berlim: De Gruyter, 2000.

SARTRE, Jean-Paul. *Qu'est-ce que la littérature?* Paris: Gallimard, 1948.

SCHOPENHAUER, Arthur. "Die Welt als Wille und Vorstellung". In: *Sämtliche Werke*, v. 1. Frankfurt am Main: Suhrkamp, 1986.

SEARLE, John. "The storm over the university". *The New York Review of Books*, v. 37, n° 19, 6/12/1990.

SEXTUS EMPIRICUS. "Against the professors" I.280ss. In: *Sextus Empiricus in four volumes*. Cambridge, Mass.: Harvard University Press, 1987.

SMITH, Barbara Herrnstein. "Contingencies of value". In: HALLBERG, R. (org.). *Canons*. Chicago: The University of Chicago Press, 1984.

SOUZA, José Cavalcanti de (org.). *Os pré-socráticos*. São Paulo: Abril, 1973.

SPINOZA, Benedictus de. *Ethica*. Paris: Vrin, 1977.

TEÓGNIS. *Poèmes élégiaques*. Paris: Les Belles Lettres, 1975.

TOMÁS de Aquino. *Suma teológica*. Edição bilíngue. Trad. Alexandre Corrêa. Porto Alegre: Escola Superior de Teologia São Lourenço de Brindes, Livraria Sulina Editora; Caxias do Sul: Universidade de Caxias do Sul, 1980.

UNGARETTI, Giuseppe. *A alegria/L'allegria*. Trad. Sérgio Wax. Edição bilíngue. Belém: Cejup, 1992.

VALÉRY, Paul. "Degas dance dessin". In: *Œuvres*, v.2. Paris: Gallimard, 1960.

VENDLER, Helen. *Poets Thinking*. Cambridge, Mass.: Harvard University Press, 2006.

VOSWINCKEL, K. *Verweigerte Poetisierung der Welt. Versuch einer Deutung*. Heidelberg: Lothar Stiehm, 1974.

WHITMAN, Walt. *The Complete Poems*. Org. F. Murphy. Harmondsworth: Penguin, 1977.

WITTGENSTEIN, Ludwig. *Zettel*. Org. G. Anscombe e G. Wright. Oxford: Basil Balckwell, 1967.

Este livro foi composto na tipologia Swift, em corpo 10/15,
e impresso em papel off-white $80g/m^2$ no Sistema Digital
Instant Duplex da Divisão Gráfica da Distribuidora Record.